Tiempo de México

Hacen falta empresarios
creadores de empresarios

Con una cierta mirada

Hacen falta empresarios
creadores de empresarios

Gabriel Zaid

OCEANO

EDITOR: Rogelio Carvajal Dávila

HACEN FALTA EMPRESARIOS CREADORES DE EMPRESARIOS

D. R. © EDITORIAL OCEANO DE MÉXICO, S.A. de C.V.
    Eugenio Sue 59, Colonia Chapultepec Polanco
    Miguel Hidalgo, Código Postal 11560, México, D.F.
    ☎ 282 0082 ⫷⫸ 282 1944

SEXTA REIMPRESIÓN

ISBN 968-6321-31-4

IMPRESO EN MÉXICO / PRINTED IN MEXICO

ÍNDICE

Prólogo, 11

HACEN FALTA EMPRESARIOS CREADORES
DE EMPRESARIOS

Paternalismo y productividad, 15
La cuestión social a través del mercado, 18
Medios de producción baratos, 20
Del hogar productivo al consumista, 23
No sobran campesinos: sobran agricultores, 26
Detrás del gigantismo japonés, 29
Una empresa ejemplar, 32
Un economista diferente, 35
La inversión en bicicletas, 38
La otra productividad, 40
Lo costoso del crédito barato, 43
Licenciados en natación, 46
La destrucción de empresarios, 50
Carta a un empresario dudoso de que falle la oferta, 54

INVERSIONES IMPRODUCTIVAS

Las últimas pirámides, 61
Petróleo y gigantismo, 68
La oferta de progreso, 71
Un teorema sobre el progreso improductivo, 83
Un sexenio improductivo, 100

IMPUESTOS Y DESIGUALDAD

Recaudaciones contraproducentes, 107
La otra Ley de Herodes, 110
El peor socio del mundo, 113
Carta a un lector dudoso de que los impuestos aumenten la desigualdad, 116
Un error interesante, 125
Redistribuir en efectivo, 130

Índice de nombres, 135

PRÓLOGO

La burocracia tiende a reproducirse, los empresarios no. La burocracia estorba para que se multipliquen los empresarios, pero los empresarios ayudan a que se multipliquen los burócratas. Se ha visto repetidamente: un empresario hace crecer su empresa hasta que el crecimiento lo rebasa y todo queda en manos de una burocracia, interna o externa. No sólo eso: su gran empresa busca activamente la destrucción de otros empresarios, ya sea absorbiéndolos, eliminándolos o haciéndoles la vida imposible como proveedores, clientes o competidores.

Hay una convergencia de hecho entre las grandes burocracias del sector público, privado y sindical. Tienden a crecer y a multiplicarse como el lirio acuático, aunque sofoquen otras formas de vida. Les parece normal que todo se vuelva burocrático. Desde la perspectiva de sus genes, se entiende: tratan de reproducirse. Lo que no se entiende es que los empresarios se sientan más cuando se vuelven menos: cuando sacan del mercado, despojan de su figura social, subordinan y reducen a la figura de burócratas a quienes trabajan por su cuenta. Todos los que piramidan (el Estado, los sindicatos, los partidos, las universidades, las iglesias, las empresas) trabajan para la burocracia, aun-

11

que sea con otras intenciones. La burocracia se alimenta de los grandes empresarios como los virus que usan los genes de sus víctimas para reproducirse.

Que los empresarios pongan todos sus genes empresariales, no en reproducirse, sino en multiplicar la burocracia, es autodestructivo para ellos y nefasto para la sociedad. A la sociedad le conviene que se multipliquen los empresarios. La productividad independiente de millones de pequeñas empresas tiene más sentido humano que la burocracia. Tiene arraigo y tradición. Tiene muchísimo futuro, porque (con excepciones) es una forma de organización más económica y flexible.

Por eso, no es utópico esperar que la situación se revierta: que algunas burocracias contribuyan a la multiplicación de empresarios. Hasta el Banco Mundial, que tanto favoreció los proyectos megalómanos, promueve ahora las pequeñas empresas. Pero lo menos que se puede pedir es que los empresarios mismos traten de reproducirse.

Hacen falta empresarios creadores de empresarios. Que separen sus operaciones separables. Que favorezcan el desarrollo, no a la absorción o estrangulación, de proveedores y contratistas. Que vendan todo lo que hace falta para la producción de buena calidad en pequeña escala. Que comercialicen y hasta exporten la pequeña producción. Que aboguen por un trato distinto a las pequeñas empresas, liberándolas de trámites.

Este libro corrige, actualiza y amplía mucho las páginas 173-237 (Productividad sin burocracia) de *La economía presidencial,* Editorial Vuelta, 1987.

HACEN FALTA EMPRESARIOS CREADORES DE EMPRESARIOS

PATERNALISMO Y PRODUCTIVIDAD

Hay una vieja tradición de piedad y paternalismo frente al atraso y la miseria. Desde hace siglos, religiosos, abogados, médicos, maestros, ingenieros, escritores, se han sentido obligados a intervenir para el progreso del país. Esta obligación va acompañada de un derecho, que parece natural: los que saben tienen derecho a dirigir y a disponer de los recursos necesarios.

Quizá por eso la tarea lleva siglos, y parece inacabable: porque es noble y bonito concentrar el saber, el poder y los recursos con tan buenas intenciones. Los universitarios religiosos lo hicieron a través de la Iglesia hasta mediados del siglo XIX. Los laicos lo han reconstruido a través del Estado. Todo universitario progresista, capaz, bien intencionado y con ganas de trabajar en algo que el país necesita, se siente con derecho a ejercer una parte del presupuesto federal. No piensa en organizar una operación independiente que tenga sus propios ingresos, de preferencia derivados de vender lo que ofrece. Al paternalismo no le gusta depender de sus beneficiarios: someterse a sus gustos, a su juicio, a su capacidad de pago. Los que están para que les ayuden no tienen por qué pagar, opinar o escoger lo que prefieren. Para eso están los que saben.

Entre los mexicanos de poca escolaridad, trabajar por su

cuenta fue lo más común, y sigue siendo un ideal. Pero la piedad y el paternalismo, en vez de apoyar ese ideal con medios
para aumentar la productividad independiente, impuso al país
su propio modelo: una prolongada escolaridad que prepara
para manejar recursos avanzados, concentrados, piramidados
en grandes aparatos administrativos. Así como los misioneros
sentían que la mayor generosidad posible con un indio era que
sus hijos dejaran de ser indios y se volvieran misioneros, los universitarios sienten que la mayor generosidad posible con los
campesinos, los artesanos, las comadronas, los que producen y
venden en talleres rústicos, en bicicletas, en los mercados, no es
ofrecerles recursos para que fortalezcan su independencia y
aumenten su productividad, sino ofrecerles un empleo, subsidios y la ilusión de que sus hijos lleguen a ser universitarios.

Esta oferta de progreso, aunque sincera, es demagógica.
Nunca habrá recursos suficientes para que todos los aspirantes
a saber para subir tengan empleos de lujo en el Estado o las
grandes empresas. Avanzar en esa dirección imposible ha sido
un desastre para el país, porque los recursos concentrados en
las grandes empresas y el gobierno producen menos que en
pequeñas empresas a cargo de sus dueños. La concentración de
recursos en grandes aparatos administrativos, especialmente
en la capital, es un despilfarro. Hace medio siglo, la ciudad de
México no era tan monstruosa, la mayor parte de los mexicanos
trabajaban por su cuenta y bastaba con reinvertir como 9% del
producto nacional para sostener un crecimiento del 5% o 6%
anual. A medida que la economía se fue concentrando en la
capital y se fue burocratizando (hasta en el sector privado), las
inversiones empezaron a producir menos. Para seguir crecien-
do al 5% o 6% anual hacía falta invertir más y más. Hasta que ya
no fue posible aumentar las inversiones improductivas, y el cre-

cimiento se desplomó.

Lo peor de todo es que las inversiones improductivas, como los elefantes blancos, no producen lo que consumen. Si fue posible seguir invirtiendo, y cada vez más, fue porque todo era a crédito y bajo el supuesto ilusorio de que las inversiones producirían para pagarse por sí mismas. Otra ilusión fue dedicar los dólares prestados a inversiones que no generaban dólares sino pesos, como si los préstamos pudieran pagarse en pesos. Endeudarse importando maquinaria para invertir, sólo puede pagarse si la maquinaria produce cosas exportables.

La deuda externa (en 1995) representa unos ocho mil dólares por familia. Naturalmente, si cada familia hubiera recibido un crédito de ocho mil dólares para invertirlo en negocios caseros, no habría miseria en México, la provincia estaría en auge y la deuda ya se habría pagado.

Porque también hay una tradición del negocio casero, del trabajo independiente. Es una tradición viva, hasta en esas manifestaciones que el paternalismo suele ver con lástima. En la *Encuesta de subempleados 1983*, que publicó Estudios Sociales del Banco Nacional de México, los vendedores ambulantes, lavacoches, boleros y otros entrevistados en la ciudad de México declararon: que saben leer y escribir (94%, la quinta parte había llegado a secundaria, preparatoria o los primeros años de licenciatura); que están contentos con su trabajo (87%); que prefieren el trabajo independiente, en vez de ser empleados (73%); que han recibido ofertas de trabajo fijo (36%). Si hay estas preferencias en la ciudad donde se concentra el empleo, el sector público y la tradición burocrática, es de suponerse que en el resto del país la preferencia por el trabajo independiente sea todavía mayor.

La cuestión social a través del mercado

Las cuestiones de mercados no son vistas como propias de una preocupación social. Las preocupaciones tradicionales, que nos llegan de Europa y los Estados Unidos, de la Iglesia y el socialismo, son ante todo laborales.

Esto se explica. Los países más avanzados en la destrucción de sus campesinos, artesanos y pequeños empresarios, se han vuelto países de asalariados. En esa situación, las preocupaciones sociales parecen reducirse a cuestiones de personal: creación de empleos, capacitación, mayores salarios, atención médica, oportunidad de ascender, buen trato, participación en las decisiones.

Estas preocupaciones son legítimas y pertinentes en su caso, que es también el caso del sector avanzado de los países atrasados. El sector rico, moderno, avanzado, es (mayoritariamente) asalariado; mientras que el sector pobre, atrasado, tradicional, trabaja (mayoritariamente) por su cuenta. Por eso, las preocupaciones sociales que van al caso de los países o sectores avanzados, no tienen nada que ofrecer a los mexicanos pobres, fuera de una piadosa destrucción: algún día, no se sabe cuándo, sacarlos de campesinos, artesanos y pequeños empresarios para convertirlos en asalariados.

Dada la superioridad aplastante del sector moderno, sorprende que la destrucción vaya tan despacio. ¿Cómo es posible que el sector tradicional lleve siglos de resistir y que la población de pequeños empresarios no haya sido borrada del planeta? Esto se debe a un hecho poco conocido: los campesinos, artesanos y pequeños empresarios son más eficientes que las grandes empresas y el gobierno con respecto a sus inversiones. El sector avanzado produce más por hombre, pero menos por unidad de capital.

Teóricamente, en un mercado perfecto, los bienes de capital, las inversiones, los créditos deberían fluir hacia el sector que los hace producir más. Pero el mercado es imperfecto. Por una serie de razones económicas, políticas, sociales, culturales, los medios de producción se concentran en el sector que los despilfarra.

En vez de que los medios de producción baratos fluyan al sector pobre (donde aumentar la productividad cuesta menos), la población pobre fluye (si puede) adonde se concentran los medios de producción costosos. Destruir a un pequeño productor independiente para crearle un empleo moderno, con todas las inversiones necesarias (máquinas, edificios, medios de transporte, urbanización) cuesta muchas veces más que equiparlo mejor para aumentar su productividad independiente, donde está. Por eso la destrucción va tan despacio, y en eso está la oportunidad social.

La salida es por vía del mercado: el de los medios de producción baratos para equipar la productividad independiente.

MEDIOS DE PRODUCCIÓN BARATOS

Para acabar con la miseria en México, se han usado tres estrategias fracasadas (porque no generan recursos suficientes para sostenerse y crecer): crear empleos subsidiados, ofrecer productos básicos subsidiados y dar servicios (educativos y asistenciales) subsidiados. Mejor hubiera sido promover los medios de producción baratos, que se pagan solos rápidamente y ayudan a salir de pobres a los que trabajan por su cuenta.

¿Qué son los medios de producción baratos?

1. Los que cuestan, digamos, un salario mínimo anual por persona ocupada.

2. Generan productos o servicios con demanda local, o de "exportación" a otras comunidades, o a los polos urbanos o al extranjero.

3. Se pagan solos, digamos, en un año, con el valor agregado que generan.

4. Son pertinentes para las circunstancias (físicas, económicas, sociales, culturales)

¿Existen medios tan maravillosos? Existen, han existido y seguirán existiendo, aunque, curiosamente, no reciben apoyo ni promoción. Por diversos prejuicios, los que parecen maravillosos son los otros: los medios de lujo del progreso improductivo.

Sin embargo, ahí están las máquinas de coser, apiarios, paquetes para producir hortalizas, criaderos de acuacultura, paquetes de herramientas para oficios, bicicletas de carga, equipos para hacer conservas, para vulcanizar llantas, para hacer bloques de concreto, para poner puestos (comerciales, de servicios), etcétera. Y no hay que limitarse al equipamiento físico: el crédito, el know-how, las relaciones, son también recursos que pueden ser abaratados y encuadrados en los criterios anteriores.

El crédito barato para las pequeñas y mínimas empresas no es el crédito con tasas nominales bajas, porque esas tasas ignoran lo más costoso de todo, el costo de tramitación (que, dividido entre una cantidad insignificante, arroja tasas reales agiotistas). El verdadero crédito barato es el pertinente, oportuno y sin mayores trámites. Así, también se puede ofrecer todo un capital de relaciones, que multiplique las oportunidades de acceso al mercado (de ventas o de compras), a través de directorios impresos. Y el know-how puede abaratarse con instructivos verdaderamente prácticos en bibliotecas municipales de howto. También pudiera hacerse una Feria del Negocio Casero, así como se hacen ferias de franquicias.

Ofrecer alimentos subsidiados tiene menos sentido que ofrecer medios de producirlos. Implica un problema mayúsculo de comercio intersectorial. En primer lugar, de "balanza de pagos": ¿con qué productos "exportables" del sector pobre al sector rico, se van a generar las "divisas" necesarias para pagar los alimentos "importados" del sector rico? En segundo lugar, de costos difícilmente abaratables: transporte, almacenaje, publicidad, intermediación. Los mexicanos más pobres están arrinconados y dispersos por el interior del país. Resulta más barato y práctico que produzcan ellos mismos gran parte de lo

21

que necesitan (y algunos excedentes exportables, aunque no alimentos) con medios de producción baratos (pagados con esos excedentes).

DEL HOGAR PRODUCTIVO AL CONSUMISTA

Los millones de hogares en los cuales no se produce nada son una novedad histórica más o menos reciente. Durante milenios, la producción normal fue la doméstica, para el consumo de la propia familia. Luego las familias empezaron a comerciar y a especializarse, sin dejar de producir gran parte de su consumo, además de lo que vendían. Finalmente, aparece el mercado del empleo: en vez de vender productos y servicios producidos en casa, con medios de producción propios, se vende la obediencia en instalaciones ajenas. El hogar, que era un centro de producción, se vuelve un centro de consumo.

Se habla mal del consumismo, pero ¿en qué va a gastar la gente que no puede producir por su cuenta? Las familias encuentran toda clase de estímulos y facilidades para aumentar su consumo y dependencia, no para aumentar su productividad y autonomía. Hay una oferta sumamente atractiva de medios de consumo costosos. No hay una oferta semejante de medios de producción baratos. Hay una Feria del Hogar Consumista, pero no una Feria del Hogar Productivo.

Hacia 1960 (cifras de memoria), se vendían en México unos 100,000 tocadiscos y unas 15,000 consolas anuales. Parecía natural: frente al tocadiscos, la consola era un lujo; podía costar diez veces más. Pero gracias a la industria, el comercio, la banca, el gobierno, los sindicatos, el producto de lujo desplazó al barato. Veinte años después se vendían unos 30,000 tocadiscos y unas 400,000 consolas (incluyendo equipos modulares).

Hoy una familia obrera de la ciudad de México puede darse el lujo de comprar un equipo modular, a través de Fonacot. Pero ¿qué sucede con una familia campesina que trabaja por su cuenta en la sierra de Oaxaca? No hay quien le venda una máquina de coser, aunque cuesta menos, y aunque es un medio de producción (no de consumo) que se paga rápidamente, con una productividad (por unidad de inversión) que ya quisieran los grandes proyectos de inversión pública o privada.

Desgraciadamente, se ofrecen menos máquinas de coser que equipos modulares, y (lo que es más significativo) las máquinas de coser se ofrecen como equipos modulares: como juguetes tecnológicos con aditamentos refinados en muebles de lujo, como regalos para el día de las madres, para la posesión feliz y la ostentación; como medios de consumo, más que de producción. Pero ¿en qué va a gastar la gente que, entre el trabajo y el transporte, ya no tiene tiempo de nada? En acumular medios de consumo, que muchas veces ni se usan.

La producción agrícola norteamericana es la más avanzada del mundo. Su distribución también: hace llegar hortalizas a los hogares a tres veces el costo de producirlas (frente a seis, ocho, diez veces en México). Sin embargo, el número de familias que en los Estados Unidos producen sus propias hortalizas ha venido aumentando y anda por la mitad del total de hogares. ¿Cómo pueden competir con un sistema tan avanzado? Porque disponen de medios de producción baratos: semillas, instructivos, herramientas. Aunque el costo "agrícola" de la

24

·producción doméstica sea muy alto (digamos, el doble del costo "profesional"), se ahorra todo el costo del transporte, almacenaje, desperdicio, impuestos, intermediación. Así, el costo global doméstico resulta competitivo frente a la agricultura más competitiva del mundo, produciendo para el consumo familiar.

La producción y distribución de alimentos no es tan eficiente en México, por lo cual la oportunidad doméstica es mayor. Pero nadie está vendiendo sobres de semillas para sembrar hortalizas, instructivos, ni herramientas de jardín para las familias de Oaxaca.

NO SOBRAN CAMPESINOS: SOBRAN AGRICULTORES

Un error con respecto a los campesinos ha sido verlos en función de las ciudades. Como ignorantes del mundo urbano, aunque saben más que nosotros del mundo campesino. Como asalariados potenciales sin empleo, aunque realmente son pequeños empresarios sin medios de producción. Como ineficientes, aunque le sacan más partido a sus escasas inversiones que el sector moderno. Como proveedores de alimentos para las ciudades, cuando en realidad hacen de todo y en primer lugar para sí mismos.

No sobran campesinos: sobran agricultores. En la agricultura moderna, tres personas pueden alimentar a cien. Por eso la modernización campesina no tiene futuro por la vía agrícola. Si el trabajo de los campesinos se concentrara en la agricultura, darles medios para modernizarse sería darles medios para suicidarse. Pero la vida campesina es un mundo completo que incluye todo tipo de actividades: agricultura, pesca, minería, industria, construcción, comercio, servicios educativos, de salud, de transporte, financieros. Es una vida que tiene sentido por sí misma y que inspira arraigos profundos, que deben ser apoyados con medios de producción baratos. Fuera de algunos casos especiales, el "comercio exterior" de alimentos se presta menos al desarrollo campesino que el "comercio exterior" de manufacturas. La producción doméstica de alimentos debe mejorar, pero no para abastecer el mercado moderno, sino para enriquecer la dieta campesina.

Los campesinos no pueden competir con el sector moderno en el mercado agrícola, aunque la agricultura sea su actividad más conocida. En cambio, pueden competir en el mercado de muchas manufacturas, aunque parezca extraño. A la gente se le olvida que la revolución industrial empezó en el campo: hilando y tejiendo lana y fibras vegetales. Antes de que se obligara a los campesinos a concentrarse en las ciudades, bajo el techo de una fábrica, la producción textil era doméstica. Actualmente, la producción doméstica ya no puede competir con la moderna, en los primeros pasos del proceso textil, pero sí en los últimos: la confección de ropa.

La tecnología más avanzada en el caso de la producción de ropa sigue siendo sencilla, de inversiones muy bajas y favorables a la producción doméstica. A diferencia de la producción agrícola, la ropa no se descompone, tiene costos más bajos de transporte y almacenaje, está menos sujeta a estacionalidades, permite a los campesinos una posición de regateo menos vulnerable. Además, el mercado de la ropa tiene futuro: se satura menos fácilmente que el de los alimentos. (La prosperidad reduce la proporción del gasto en alimentos, no en ropa. Según los censos industriales, en 1970 había una persona por cada mil habitantes ocupada formalmente en producir ropa en México; contra siete por mil en los Estados Unidos.) Como si fuera poco, una máquina de coser o de tejer cuesta decenas de veces menos que un tractor.

Las inversiones por hombre necesarias en la agricultura moderna son mayores que en la industria doméstica. Los cam-

27

pesinos, debidamente equipados, pueden competir con el sector moderno en una serie de manufacturas, no en la agricultura.

Detrás del gigantismo japonés

Quizá el primer comentarista importante que tuvo la audacia de señalar a los japoneses como un modelo para los países "adelantados" fue Norman Macrae, editor de *The Economist.* Su actitud, que entonces pareció excéntrica, tuvo muchísima influencia y se ha vuelto un lugar común. Pero el modelo japonés que suele contemplarse es el de un gigantismo avanzado: las grandes empresas comercializadoras, la planeación estatal-empresarial, la burocracia paternalista, los barcos-fábricas, la robotización metalmecánica, la siderurgia más integrada y la electrónica más competitiva del mundo.

Las pequeñas empresas no roban cámara, ni en Japón ni en ninguna parte. Son algo así como los indios: tienen muchos defensores, pero no abundan los que digan que hay que volverse indios (o que pongan el ejemplo y se vuelvan). Se supone que hay que ayudar a los indios y a las pequeñas empresas, pero no para que lo sean, sino para que dejen de serlo, para que salgan de ese mal vivir que inspira lástima. Así, también los japoneses fueron vistos desde arriba, como simples copiones, hasta que estuvo claro que era un punto de vista equivocado.

Tal vez pase lo mismo con las pequeñas empresas. Los signos se multiplican: estadísticas, noticias, testimonios, reconocimientos, empiezan a mostrar la superioridad de operar en pequeño en muchas circunstancias. No deja de ser significativo que Macrae, con una audacia semejante a la que tuvo en el caso japonés, se atreva a titular un artículo "Big Goes Bust" (*The Economist,* 17 de abril de 1982) que dice nada menos que a las grandes empresas se las va a llevar el demonio, si no aprenden de las pequeñas. Propone subdividirlas, desburocratizarlas, convertir sus operaciones en pequeñas empresas internas, crear dentro los mismos incentivos y libertades empresariales que suelen pedirse fuera. Poco después, *In Search of Excellence,* de Peters y Waterman, se volvió un best seller, dando ejemplos concretos. Y ahora, están de moda las "empresas esbeltas": sin grasa burocrática.

Pero Macrae escribió desde la revolución industrial más vieja del mundo, que es la inglesa. Los países como México no tienen que hacer ese viaje de ida y vuelta. En vez de alimentar el gigantismo, para subdividirlo después, hay que favorecer desde ahora las pequeñas empresas.

A propósito de la gente que sigue las tendencias a destiempo, y que alcanza los "éxitos" cuando dejan de serlo, Macrae señala una ironía histórica. Ahora puede verse que hacia 1970 se llegó al apogeo mundial del gigantismo, y que desde entonces se han venido acentuando las deseconomías de escala, tanto en los países socialistas (que han dado marcha atrás) como en los capitalistas (donde el mercado empieza a mostrar la debilidad de los mastodontes).

Una estadística poco conocida de los Estados Unidos es que, según los censos de 1980, por primera vez en la historia, la población de las grandes ciudades retrocedió. Eso se explica esencialmente porque las deseconomías de escala no fueron cubiertas con subsidios (como sucede en México): cuando quebró Nueva York, la federación se negó a subsidiarla; la ciudad tuvo que cobrar lo que costaba y, ante ese costo, muchas empresas y personas se fueron. (Para su fortuna y su desgracia, la Nueva York de México es federal, y el centro mismo de la economía presidencial, por lo cual seguirá subsidiada.)

Más conocido es que, después de 1970, el empleo industrial en las grandes empresas también retrocedió, a favor de las pequeñas, en los Estados Unidos y en Europa. Sin embargo, como señala cruelmente Macrae, precisamente hacia 1970, John Kenneth Galbraith (*El nuevo estado industrial*) y Jean-Jacques Servan-Schreiber (*El desafío americano*) dijeron que la tendencia del futuro era... la que estaba dejando de ser. "Con excepción de los románticos patológicos —dijo Galbraith— todos ahora reconocen que ésta no es la era del pequeño empresario." En su opinión, la empresa del futuro sería "muy, muy grande".

Con esta mentalidad, era difícil apreciar la importancia de la pequeña empresa japonesa.

UNA EMPRESA EJEMPLAR

Otra estadística poco conocida es que, todavía en 1960, casi la mitad de los japoneses trabajaba por su cuenta. Las pequeñas empresas japonesas fueron esenciales para saltar del subdesarrollo a los primeros lugares del mundo, en unas cuantas generaciones. En particular, fue muy importante cómo se modernizó el campo: con inversiones muy pequeñas en predios muy pequeños; con medios de producción adecuados para aumentar la productividad sin cambiar de escala.

Hace años, encargué a Japón lo que yo creía un libro: *Guide Book for Rural, Cottage, and Small and Medium Industries.* Me llevé la sorpresa de recibir un catálogo industrial, que parecía mandado a hacer como un ejemplo de lo que propongo. Resulta que desde 1916 existe en Japón una empresa admirable (con la cual no tengo otra relación que haber comprado su catálogo) dedicada a facilitar que los pobres salgan de pobres trabajando por su cuenta. Se trata de la Chuo Boeki Goshi Kaisha, Central Commercial Company o CeCoCo (dirección cablegráfica: CECOCO, Ibaraki, Japan; postal CECOCO, P.O. Box 8, Ibaraki City, Osaka-Prefecture, 567 Japan; télex J 65910 CECOCO; teléfono: 98 (81) (726) 22 24 41; fax: 27 95 80).

El catálogo es amplísimo. Incluye desde equipo para producir velas, botones, incaíbles, tela de alambre o mecates, hasta repertorios completos de equipos agropecuarios, pesqueros y agroindustriales. Por ejemplo: todo lo que se le pueda ofrecer a un minifundista que siembre arroz o tenga pollos, desde la siembra o incubación hasta el procesamiento. Y así también para el bambú, cacahuate, coco, pescado, puerco. Por ejemplo: arados motorizados (de a pie, que no requieren animal de tiro, pero no cargan a quien los guía) diseñados especialmente para el cultivo del cacahuate; descascarilladoras, lavadoras y clasificadoras de cacahuate que no pesan más de cien o doscientos kilos; molinos del mismo tamaño para hacer crema de cacahuate, etcétera. Por las fotografías, uno puede reconocer en estos equipos la idea de Schumacher, que por lo visto ya tenía CeCoCo: modernizar sin gigantismo.

Al parecer, CeCoCo funciona como una trading company especializada en el mercado de bienes de capital para pequeños productores: diseña o fabrica o manda a hacer o simplemente distribuye equipos. También puede integrarlos en una planta pequeña (para procesar atún, por ejemplo), haciendo ingeniería y construcción. Pero no vende ideas románticas: vende equipos probados que se pagan por sí mismos con el aumento de productividad que generan. Más que su ingeniería, sorprende su mercadotecnia: ha sabido ver oportunidades, donde no suelen verse más que problemas; ha sabido pensar prácticamente en función de una clientela de escasos recursos: entendiendo sus necesidades, ofreciéndole cosas pertinentes. El buen efecto se multiplica a través del concepto de trading company: en vez de diseñar o producir todo, comercializarlo todo; conectar una oferta dispersa con su demanda potencial, estimulándolas mutuamente. Parece ser que ahora toda la región de Osaka se ha vuelto especialista en bienes de capital para producir en pequeño; y que, gracias a la formación de este mercado, el efecto ha llegado al colmo: hay pequeños productores de medios de producción baratos para pequeños productores.

No siempre es el caso. CeCoCo no es una empresa pequeña, y muchos de los fabricantes cuyos productos distribuye, tampoco. Por cierto: el único momento sentimental de este catálogo (escrito en un inglés macarrónico) se refiere a uno de esos industriales: el "noble, benévolo y respetable espíritu del difunto señor Magokichi Yamaoka", que tuvo la "noble, sabia y visionaria idea" de rediseñar un motor diesel, de modo que sus partes pudieran ser maquinadas por campesinos en sus predios, con equipo también diseñado para el caso: a prueba de maltrato, tan obvio y tan sencillo que de verlo se entendía cómo operaba. Resultado: en veinte años de completar así sus ingresos agrícolas, los "very poor" "are now very moderately living" y sus hijos, que crecieron teniendo en casa esos juguetes, son ahora mecánicos experimentados (muy solicitados) a costo cero de formación profesional.

Ahora que se promueven las inversiones japonesas en México, ¿no habría que traerse a la CeCoCo?

Un economista diferente

En 1977, murió Fritz Schumacher, el famoso autor de *Small Is Beautiful* (traducido al español como *Lo pequeño es hermoso*). Aunque el libro se publicó en 1973, Schumacher alcanzó a ver su extraordinaria resonancia. Además de las muchas virtudes del libro (claridad, originalidad, sentido común), apareció cuando el gigantismo empezaba a mostrar sus deseconomías, al menos en ciertos medios.

En esos medios se movía Schumacher, que hizo una carrera convencional de economista y acabó siendo un economista diferente. Alemán, católico, muy religioso, fue a estudiar a Inglaterra, donde trabajó como peón de una granja. Ahí escribió un artículo sobre compensaciones multilaterales de saldos internacionales, cuyas ideas aprovechó el mismísimo Keynes, que se lo llevó a Oxford y se volvió su protector. Se doctoró en economía, fue asesor de la Indian Planning Commission y de los gobiernos de Zambia y Birmania, trabajó veinte años en el British Coal Board.

Su experiencia asiática fue fundamental para descubrir el concepto de tecnología intermedia. Se intentaba un imposible: sustituir la tecnología rudimentaria de los campesinos con tecnología avanzadísima y costosísima, que ni podían pagar, ni encajaba en su cultura ni en su medio ambiente. Pensó entonces que una tecnología intermedia, como la que usó de muchacho, era más apropiada. Y descubrió con sorpresa que esa tecnología, en vez de seguir evolucionando, había desaparecido. Lo cual era explicable en un país rico, donde faltaba gente dispuesta a trabajar en el campo y sobraba capital; pero creaba una situación absurda donde sobraba gente y faltaba capital.

Schumacher no se quedó en el concepto. Empezó a promover la creación de esa tecnología intermedia que hacía falta. Fundó un despacho de ingeniería, que sigue operando: Intermediate Technology Group, Ltd. (9 King Street, London WC2E 8HW, United Kingdom). En la misma dirección funciona Intermediate Technology Publications, Ltd., que publica la revista trimestral *Appropriate Technology* y muchos libros y folletos prácticos (puede pedirse un catálogo gratis; de especial interés: un paquete microfilmado de casi un millar de libros prácticos). La revista está llena de aplicaciones del concepto de tecnología apropiada en diversas partes del mundo. Aunque se inclinan mucho por el diseño, porque son ingenieros y porque muchas cosas no las hay, también saben reconocer lo que ya existe. Por ejemplo: publican catálogos como *A Buyer's Guide to Low Cost Agricultural Implements,* con fotos, recomendaciones de uso, y nombres y direcciones de los proveedores.

Afortunadamente, ahora, hasta la ONU, la OCED, el Banco Mundial y otras grandes burocracias del sector público trasnacional reconocen la importancia de las microempresas. La OCED, por ejemplo, publica un *Appropriate Technology Directory,* con los centros de impulso que han surgido en noventa países.

Hay material bibliográfico suficiente para que en las carreras de ingeniería y administración se diera un semestre de tecnología apropiada. Los catálogos son una gran idea y deberían reconstruirse para el mercado mexicano. Hacer, por ejemplo, un catálogo para el autoempleo, con todo lo que existe para que la gente trabaje por su cuenta: equipo para producir miel o tejer suéteres o hacer conservas o muebles o tabicones.

Sería bueno montar una cadena de tiendas que vendiera equipos de ésos: desde molinos de nixtamal hasta bicicletas de carga. Muchos negocios caseros se abastecen en tiendas orientadas al consumidor, que venden aparatos aprovechables para la producción: hornos, refrigeradores, bicicletas, tejedoras, herramientas de mano, tornillería, material eléctrico, insumos y equipos para el hágalo-usted-mismo. No sería imposible dar el paso siguiente y organizar una cadena de tiendas orientadas al pequeño productor.

LA INVERSIÓN EN BICICLETAS

Quizá el problema fundamental de los medios de producción baratos es que no sabemos verlos como inversiones, como bienes de capital. Muchas máquinas de coser domésticas sirven para ganarse la vida. Muchas bicicletas, aunque se vendan como juguetes, como regalos, como aparatos para hacer ejercicio o medios de competencia deportiva, sirven para ir al trabajo o para trabajar. Pero no deja de ser significativo que, cuando se habla de bicicletas "profesionales", no se habla de bicicletas especialmente diseñadas para oficios o profesiones (por ejemplo: para afiladores ambulantes de tijeras y cuchillos, o para enfermeros que vacunen y den primeros auxilios), sino de esas bicicletas que son como aparatos de alta fidelidad: que tienen cambios para diez velocidades y que pueden costar lo mismo que un automóvil viejo.

Y, sin embargo, la demanda potencial de bicicletas productivas está a la vista para quien sepa verla: en la calle, en las brechas campesinas y hasta en las carreteras. Las bicicletas se usan para mover todo tipo de carga, sin adaptación alguna o con adaptaciones hechizas. No sería muy difícil diseñar, producir y vender una serie de modelos para distintos usos: talleres, tiendas, cocinas, dispensarios sobre ruedas.

Paradójicamente, el uso de la bicicleta está aumentando enormemente en los países ricos. Hay hasta movimientos para exigir carriles exclusivos para bicicletas, estacionamientos, vestidores (para llegar, bañarse y cambiarse, antes de entrar a trabajar). También empieza a haber una oferta de bicicletas de carga diseñadas para que las señoras vayan al supermercado o los señores vayan a pescar.

Un grupo descendiente de Schumacher está desarrollando un transporte de carga para mercados pobres, a partir del rickshaw, un triciclo hechizo (una bicicleta adaptada con dos ruedas atrás) que se usa en la India como taxi o camioneta. Intermediate Technology Transport, Ltd. (Home Farm, Ardington, Oxon OX12 8PN, United Kingdom) ha estudiado el rickshaw para hacerlo más resistente, seguro y ligero. Ya tiene modelos experimentales, que está probando para la producción en serie en diversos países.

¿Por qué no en México?

La otra productividad

Hasta mediados del siglo XX, la palabra productividad se usaba poco y con un significado distinto al que se ha vuelto común: se refería a la cualidad de ser productivo, más que a la cantidad producida. La productividad se decía del genio creador o de las tierras fértiles.

Al terminar la Segunda Guerra Mundial, el Plan Marshall subrayó la importancia de los sistemas de producción norteamericanos en la reconstrucción europea. Aparecieron los centros de promoción de la productividad, y la palabra se puso de moda. Paralelamente, se empezó a hablar del producto nacional y de los sistemas de contabilidad nacional para medirlo.

¿De qué se ocupaban los centros de productividad? De las técnicas para medir y simplificar el trabajo, balancear líneas de producción, mecanizarlas, determinar lotes óptimos en las compras y en las corridas de producción; mejorar el uso del espacio y la circulación de materias primas, productos en proceso y productos terminados; mejorar la estructura organizacional, los sistemas y procedimientos, la calidad de la producción, el ambiente de trabajo, las formas de pago salarial; economizar los recursos financieros en la sustitución de equipo, en los inventarios, etcétera. Todo lo cual se llamó productividad, con cierta confusión de tres conceptos distintos: productividad, aumento de productividad y técnicas para aumentar la productividad.

Las confusiones aumentaron porque los economistas introdujeron otros conceptos de productividad: cuánto valor agregado al producto nacional se produce por hora-hombre, o por hectárea o con respecto a la inversión física (locales, instalaciones, equipo, inventarios). Estos conceptos corresponden a las cuentas nacionales, pero no a las empresariales, aunque tienen la misma preocupación: producir más con menos.

Sin embargo, una cosa es la productividad administrativa dentro de cada empresa (los resultados que obtiene con respecto a sus recursos en tal operación, o tal departamento o en toda la empresa) y otra la productividad social en la economía (el PIB generado por unidad de capital o de trabajo). Para colmo de confusiones, cuando se habla de productividad se piensa ante todo en la del trabajo (como si fuera el único recurso que hay que cuidar) y en un progreso de película: modernidad, tecnología de punta, gigantismo, escenarios a todo lujo y otras apariencias de productividad.

Por eso, tanta gente se resiste a creer que muchas operaciones modestas son más eficientes que las apantallantes. Por eso, la política económica favorece al sector apantallante. Por eso, hay tanto despilfarro de capital: las inversiones se concentran en las grandes operaciones, que son las menos productivas por unidad de capital.

Es un hecho documentado (en mi libro *El progreso improductivo*, pp. 307-313) que la productividad del capital es mayor en las empresas pequeñas y la productividad del trabajo es mayor en las grandes. No hay cifras comparables para la pro-

41

ductividad administrativa, ni es fácil que llegue a haberlas, por las dificultades teóricas y prácticas de medirla.

Pero si fuera cierto que las empresas pequeñas tienen menor productividad administrativa (lo cual no está documentado), a pesar de lo cual producen más PIB y empleos por unidad de capital (lo cual sí está documentado), con mayor razón habría que darles capital. Y también, naturalmente, ayudas para mejorar su productividad administrativa.

La fórmula sana para aumentar el consumo global es aumentar la productividad: para consumir más, hay que producir más. Algo se puede lograr en el sector apantallante, metiéndole todavía más capital, automatizándolo, despidiendo personal y pagándoles mejor a las pocas personas que queden, porque aumentaron su productividad laboral, a costa del desempleo y a costa de la productividad del capital. Pero no es la mejor solución cuando sobra gente y falta capital, y el consumo urgente de aumentar es el más bajo, que está en el sector modesto, donde se gana menos, donde se puede absorber más personal y donde los escasos recursos de inversión producen más, porque ahí es superior la otra productividad.

LO COSTOSO DEL CRÉDITO BARATO

No es de creerse, aunque se dice mucho, que los altos réditos bancarios ahogan sobre todo a las pequeñas empresas. En primer lugar, porque los bancos casi no les prestan. Y, sobre todo, porque pueden pagar tasas más altas: sus inversiones son más productivas que las grandes inversiones públicas y privadas.

Una de las pocas ventajas de operar con recursos mínimos es que no se pueden derrochar en progresos improductivos. Si una microempresa no tiene crédito bancario y sólo puede conseguir financiamiento al doble de las tasas bancarias (con un agiotista, o con un cliente o proveedor que de hecho es un agiotista) o no usa crédito o no lo usa más que en operaciones que produzcan por encima del doble de las tasas bancarias.

Estas operaciones existen, aunque rara vez en gran escala. Producen utilidades fabulosas en relación con la inversión, aunque de poco monto en miles de pesos. Son oportunidades despreciables (y, en rigor, inaccesibles) para las grandes empresas y el gobierno. Permiten aumentar la productividad del país a muy bajo costo, pero el país no puede aprovecharlas sino a través de pequeños empresarios: de gente capaz de producir en pequeño y por su cuenta.

Abundan los negocios pequeños pero muy lucrativos que se arruinan al quedar en manos de una administración profesional (privada o pública): esa administración que trabaja por cuenta de terceros, con derechos laborales y de categoría social, con métodos avanzados y recursos costosos, bajo políticas, normas, sistemas y procedimientos, que obligan a documentar los actos, fundamentar las solicitudes, consultar las decisiones y dar cuenta de los resultados. Tanto progreso ahoga a los negocios pequeños: más que los réditos agiotistas.

Por eso fallan tanto los créditos de fomento que se ofrecen a los pequeños productores. Los más necesitados de crédito siguen yendo con los agiotistas, y los verdaderos beneficiarios de los fondos de fomento suelen ser los productores ya no tan pequeños ni tan primitivos: los que tienen capacidad para moverse en los laberintos burocráticos. Esta capacidad implica un mínimo de cultura moderna, de relaciones, de dinero y de tiempo.

Nadie hace números de lo que cuesta obtener un crédito barato, desde este punto de vista. Sobre todo en relación con el tamaño del crédito. Una escritura pública (y tanta documentación que no se tiene, y hay que sacar) puede costar uno o dos meses de salario mínimo, incluyendo viajes, mordidas y vueltas; lo cual puede ser menos del 1% sobre un crédito grande, para una empresa que tiene personal especializado en estos trámites, pero puede ser más del 100% sobre un crédito pequeño, sobre todo si el empresario en persona tiene que ir a tramitarlo. A la gente se le olvida cuántos pequeños empresarios no tienen segundas manos; cuántos no salen ni para comer: tienen que cerrar el negocio, o encargárselo a un vecino, hasta para ir al baño.

Cuando se considera el costo enorme que tiene la tramitación de un crédito barato, la incertidumbre burocrática del resultado, el costo desastroso que puede tener un retraso, ya no digamos las mordidas, se comprende perfectamente que los pequeños empresarios usen más los créditos agiotistas: son más baratos. No hay crédito más costoso que el que, en la práctica, no se puede tener; o no se sabe cuándo va a llegar, si va a llegar; o llega cuando todo se arruinó.

Para abaratar los créditos supuestamente baratos, y hacerlos competitivos con el agiotismo, hay que subir las tasas nominales por encima de las bancarias y reducir a cero sus costos invisibles: prestarlos sin mayores trámites. Una cosa va con la otra: la sobretasa invisible surge por la necesidad de racionar lo que se presta con tasas visibles bajas, que por su misma naturaleza se prestan al abuso y la corrupción. Pero una sobretasa visible se cuidaría sola, volviendo innecesarios los trámites y eliminando sus costos.

El crédito que necesitan los pequeños empresarios no es un crédito supuestamente barato: es ante todo un crédito del cual se tenga seguridad; un crédito con el cual se pueda verdaderamente contar: efectivo, rápido, oportuno y sin mayores trámites, en cantidades pequeñas y a tasas superiores a las bancarias. Este crédito haría posible que el país aprovechara más oportunidades de desarrollo: esas que las grandes administraciones pueden arruinar, pero no realizar directamente. Esas que sólo existen para los topos de la economía subterránea, que saben rescatar para el país oportunidades de vida, metiéndose donde los grandotes y avanzados, con toda su ciencia, no pueden entrar.

Licenciados en natación

¿Para qué sirve un título universitario? Para no empezar desde abajo. En las viejas tradiciones gremiales, los grandes artistas, artesanos y maestros empezaban como aprendices: desde abajo. Se aprendía haciendo: ayudándole a un maestro en el oficio. Y se recibía el título de maestro cuando en la práctica ya se había alcanzado esa categoría, lo cual se demostraba haciendo una obra maestra.

En cambio, un licenciado en administración recibe el título, no cuando en la práctica demuestra que ya sabe administrar, sino cuando demuestra que tiene un barniz teórico sobre administración. Barniz que ha recibido muchas veces de personas sin experiencia administrativa. Claro que, si tiene suerte y logra trabajar con alguien que sí sabe, puede volverse de hecho un aprendiz de ejecutivo en condiciones privilegiadas. ¿Para qué fue, entonces, el título? Para no empezar cobrando como aprendiz, sino como licenciado. Para tener desde el principio oportunidades exclusivas para universitarios, que nunca tendrán los otros. Para entrar por arriba al mundo del trabajo.

Durante mucho tiempo, los administradores coloniales del imperio británico se prepararon estudiando latín y griego, leyendo a los clásicos, cultivándose. ¿Qué tenía esto que ver con la administración? Nada. En muchos otros campos, no es raro ver que una persona que estudió una cosa se dedique a otra, y que lo haga bien. ¿Cómo puede ser? Porque se aprende en la práctica: el barniz teórico de administración, el estudio de los clásicos o el estudio de otra cosa no enseñan a administrar. Lo que enseña es la práctica, sobre todo al lado de un gran administrador.

Hay mucha gente sin título que sabe más que un titulado. La verdadera función de un título no es distinguir a los que saben, sino a los que puedan empezar a aprender en condiciones privilegiadas. Se necesita un título para disponer de la fe de los otros, de las relaciones, de los contactos, de la información confidencial, de los lugares, de las prerrogativas, que permiten empezar a ejercer, echar malas y aprender. Un título es una patente de corso para cobrar por aprender.

Los hijos de las grandes familias (aristocráticas, burocráticas, industriales) no necesitaban títulos académicos para heredar sus privilegios, ni educación superior para ejercerlos. Se volvían aristócratas, funcionarios, industriales, en la práctica, a la cual tenían acceso por la familia. En este sentido, eran como los aprendices de un gremio. Pero si tenían el tiempo, el dinero, la afición, de cultivarse estudiando música, matemáticas, latín o griego, antes de hacerse cargo, ¿qué mejor manera de pasar el tiempo, mientras llegaba su oportunidad?

La cosa cambió cuando empezó a creerse que la educación superior, en vez de ser una forma de cultivarse, era el aprendizaje necesario para hacerse cargo de una posición privilegiada. Los títulos se volvieron credenciales trepadoras. La educación se degradó. Estudiar matemáticas, piano o griego puede ser una práctica ociosa, pero es una práctica de interés por sí misma, como jugar o nadar. Se aprende álgebra, se lee a los clásicos o se aprende a tocar el piano como se aprende a nadar o se aprende plomería: practicando. En cambio, estudiar administración (y muchas otras cosas que hoy se llaman educación superior) es como encerrarse cinco años en un salón de clase para estudiar natación: es aburrido, más ocioso y menos práctico que leer a los clásicos. Y tampoco tiene que ver: es un barniz teórico de natación, algo muy distinto de nadar. Se justifica porque sirve para sacar el título de licenciado en natación y tener así la oportunidad de echarse al agua en las albercas privilegiadas, donde se excluye a los que no tienen título. Los hijos de las grandes familias aprenden a nadar en su casa, con título o sin título, aunque se va volviendo obligado que también ellos lo saquen. Los demás aprenden cuando sacan el título y les dan la oportunidad de echarse al agua. Los títulos son un mecanismo de selección de trepadores: para decidir quiénes tienen derecho a aprender arriba, aunque no tengan sangre azul.

Desde este punto de vista, son un mecanismo presuntamente democrático de asignación de privilegios. Teóricamente, cualquiera que esté dispuesto a perder cinco años de su vida en un salón de clases estudiando natación gana el derecho de aprender a nadar después de sacar el título. Pero no hay cupo para todos en las albercas privilegiadas. ¿Qué hacer cuando millones de personas quieren empezar por arriba? Una salida fácil, que no sirve de mucho, es aumentar los requisitos: exigir un doctorado en natación, antes de echarse al agua. Inevitablemente, por muchos requisitos que se inventen, se llega a una situación demagógica: vender sobrecupo, ofrecer oportunidades que no existen.

El costo social es inmenso, la frustración es horrible, pero en México suena feo decir: No hay manera de conseguir un buen plomero. Vas a mojarte mejor, a divertirte más y a ganar más siendo un gran plomero que estudiando la licencia en natación. Lo bonito es decir: Aspira a lo máximo, prepárate, saca tu doctorado en natación y consíguete un buen pollero para que cruces el Río Bravo, por arriba y sin mojarte.

LA DESTRUCCIÓN DE EMPRESARIOS

Hace unas décadas, los universitarios soñaban con tener un despacho, consultorio o negocio propio. Ahora sueñan con tener un puestazo, oficinas de lujo, viajes y gastos pagados.

Esto ha sido un desastre para la productividad nacional. Sobre todo, la productividad del capital, que sigue siendo el factor escaso. Las pequeñas empresas son un almácigo de iniciativas de donde salen a veces las grandes, una escuela formadora de personas capaces de actuar por cuenta propia, una red abastecedora más flexible para atender las variaciones de la demanda en el espacio y en el tiempo. Como si fuera poco, producen más por unidad de capital, aprovechan oportunidades de inversión inaccesibles para la operación en grande y son capaces de poner a producir a una persona con inversiones mínimas.

Ni el gobierno, ni los grandes sindicatos, ni (lo que es más sorprendente) las grandes empresas parecen darse cuenta de cuántas maneras progresistas se llega a una menor productividad del capital. En particular, la Iniciativa Privada no parece ver todo lo que aporta a la destrucción de la iniciativa privada:

1. Cuando negocia con el gobierno, se olvida de los pequeños empresarios. Sería deseable, por ejemplo, que la reglamentación de los negocios no se aplicara igual a una

empresa de tres personas que a una de 3,000; que hubiera reglas radicalmente diferentes según el tamaño; que las empresas minúsculas no estuvieran obligadas a pagar salarios mínimos, ni seguro social, ni Infonavit, ni SAR, ni obligadas a cumplir con otros requisitos laborales; que no tuvieran que realizar los mismos trámites costosos, largos, difíciles de entender, si no es con especialistas, que hacen las grandes para tantos permisos, gestiones y obligaciones. Pero la Iniciativa Privada, en vez de abogar por la iniciativa privada, coopera a su destrucción. En el caso del Infonavit, por ejemplo, negoció una solución por la cual todas las empresas —hasta las más pequeñas— cotizan, aunque la ley establecía originalmente que las empresas de 100 personas para arriba eran las únicas obligadas a proveer de vivienda a sus trabajadores.

2. Es un problema trabajar con maquileros, contratistas, distribuidores independientes. Pero, en muchos casos, resulta más práctico y barato que ampliar las instalaciones, operaciones, especialidades y personal propio (lo cual también es un problema). Sin embargo, con frecuencia se observa que, por principio, se fomenta el crecimiento propio a costa de la destrucción de proveedores independientes. Muy rara vez se hace un análisis sincero y completo, antes o después, para ver si las complicaciones internas salen más baratas o convienen más que el ahorro de complicaciones externas. Muchas veces la única ganancia es para el ego de Fulano o Zutano, que ahora se siente más grandioso, con más metros cuadrados, más equipo y más gente a sus órdenes.

3. Los empresarios más conscientes piensan que su función social es crear empleos, tratar bien al personal, darle cierta participación en las decisiones y en los resultados. Esta visión narcisista de las empresas parece una contaminación burocráti-

51

ca. Las burocracias son su propio fin, su propio mundo, su propia justificación. Lo que está fuera no existe o no importa o (si molesta demasiado) debe ser engullido. Así desaparecen los pequeños distribuidores (odiosos intermediarios), los pequeños proveedores, contratistas y talleres (ineptos, irresponsables y abusivos). Así, la destrucción de empresarios se anuncia como creación de empleos, y la privación de iniciativas hace prosperar a la Iniciativa Privada. Pero lo que justifica socialmente a las empresas no es lo que producen para dentro (a sus dueños, a su personal), sino lo que producen para fuera. La línea de productos y servicios, la forma de ofrecerlos, dice más de la función social de una empresa que el trato al personal.

4. Con mucha frecuencia, las pequeñas empresas producen nuevos empresarios. Algunos empleados observan de cerca el ejemplo de la independencia, ven que no hace falta tanto para actuar por cuenta propia y (calculando bien o mal sus propias fuerzas, procediendo bien o mal) se lanzan a poner un negocio propio. Para evitar esto, las grandes empresas les ponen jaulas de oro a sus empleados más capaces y los malacostumbran a lujos que nunca podrán darse por su cuenta. Pagan tan bien la dependencia, que la independencia se vuelve incosteable.

Un aprendiz de artesano con ahorros mínimos puede darse el lujo de renunciar a vender su obediencia mal pagada, y comprar un equipo poco elegante pero muy barato, tan malo o peor que el de su patrón. En cambio, un aprendiz de cortesano tiene que gastárselo todo en vivir al nivel de su puesto; no fácilmente puede renunciar a ese tren de vida, menos aún ahorrar en comprar equipo grandioso y poco productivo, como el que tiene a su cargo. Lo cual cierra el círculo: si las leyes, los sindicatos, el gobierno, los grandes clientes, proveedores y banqueros favorecen la destrucción de los pequeños empresarios; si ya ni la Iniciativa Privada parece creer en la iniciativa privada, ¿quién va a querer ser empresario?

Únicamente aquellos que, para su desgracia o su fortuna, no tienen muchas oportunidades en el mercado de la obediencia. Ya sea porque no tienen escolaridad o porque la crisis devaluó sus credenciales trepadoras. Como sucede con algunos altos empleados, que así llegaron a apreciar la maravillosa tradición del puesto de tacos, y ya no quieren saber nada del Grupo Alfa o del gobierno, con toda razón: un puesto de tacos supera a un puesto burocrático en independencia, en productividad con respecto a la inversión, en satisfacciones productivas y en satisfacciones para el consumidor. Un puesto de tacos le conviene más al país que un puesto burocrático.

Carta a un empresario dudoso de que falle la oferta

Parece usted creer que en un mercado libre se ofrece todo lo que el mercado puede pagar, y que, por lo tanto, si no hay oferta de medios de producción baratos es porque no tienen mercado. Nada lo garantiza. La oferta de productos y servicios, como la de ideas y obras de arte, está sujeta a la imaginación, el talento, las ganas de hacer cosas, la simple buena suerte. Muchas cosas que serían negocio no se hacen porque a nadie se le han ocurrido, o porque no hubo ganas, o recursos, o tiempo, o tenacidad.

En el mercado abundan los ejemplos de creatividad empresarial: productos o servicios nuevos, o vendidos de un modo nuevo, o en lugares nuevos. De estas innovaciones, unas resultan viables y otras no. En el caso de los fracasos, tenemos una oferta que no suscita la demanda suficiente para hacerla viable: una oferta que no resulta pertinente en precio, calidad, presentación, funcionamiento, distribución, oportunidad o cualquiera de las mil cosas que pueden fallar. En el caso de los éxitos, una oferta pertinente. Pero con respecto al dinero necesario para hacer efectiva la demanda, la situación de los éxitos y los fracasos no es simétrica. Un éxito requiere que el mercado tenga con qué pagar la nueva oferta. Pero un fracaso puede darse aunque el mercado tenga con qué.

El hecho mismo de que una oferta nueva tenga éxito demuestra que sí existía dinero para eso, pero que eso no existía. Consideremos eso, antes de que se ofrezca. En ese momento, ¿diremos, como tanta gente: "si fuera negocio, ya alguien lo estaría haciendo"? Con ese argumento, eso nunca se produciría; y así parecería que, en efecto, tenían razón los que arguyeron que el negocio era imposible.

Estos argumentos parecen la mismísima sabiduría, si hay un consenso entre conocedores. Por ejemplo: hace unas décadas, todos los que sabían del mercado del libro sabían que no se podía vender más, porque la gente no lee, porque los libros son caros, etcétera. En cuanto a la idea de vender libros en los supermercados y tiendas semejantes, todo el mundo sabía que era imposible vender libros junto a las verduras. Hasta que hubo uno que, afortunadamente, no sabía. Curiosamente, cuando tuvo éxito, el argumento cambió: en realidad, los nuevos canales de distribución no amplían el mercado, porque simplemente le roban ventas a las librerías. Pero los hechos demostraron lo contrario: el mercado global creció. Es decir, el mercado no estaba limitado por falta de dinero, sino por falta de una oferta creadora.

A principios de siglo, había en los Estados Unidos miles de fabricantes de automóviles. Sería mejor decir: constructores, porque se construían como un yate: como un lujo. A Ford se le ocurrió fabricar un coche que sus propios obreros pudieran comprar. Naturalmente era imposible. No ganaban tanto para eso. No se podía bajar tanto el costo. No tenían la educación necesaria.

Los ejemplos abundan. El simple hecho de hacer estudios de mercados y viabilidad implica preguntarse: ¿para qué cosas hay dinero pero no oferta? Para muchísimas. Y ¿qué garantía existe de que en todo momento se esté investigando toda posibilidad, a través de estudios formales o simple ojo para los negocios? ¿Qué garantía hay siquiera de que todos los negocios ya vistos se realicen? Ninguna. En todo momento, hay posibilidades que no han sido vistas; o que, una vez vistas, no fueron emprendidas, por mil razones: porque el empresario posible se enfermó, se desanimó o estaba muy ocupado en otras cosas. Es decir: en todo momento hay dinero para hacer efectiva la demanda de ofertas que no se producen.

Considere un grupo de campesinos cuyas mujeres usan el metate, pudiendo producir más en otras actividades. Ahí hay dinero, aunque sean pobres, como lo saben quienes llenan una camioneta de mercancía y salen a ranchear, o como supo verlo Sears el siglo pasado, cuando inventó las ventas por catálogo: dos ejemplos de oferta pertinente. ¿Hay mercado ahí para que todos compren su Cuisinart? No, por supuesto. Pero sí para que algunos compren su molino de nixtamal y hagan negocio con sus vecinos. También para que los vecinos compren máquinas de coser o tejer, y aprovechen mejor el tiempo liberado del metate. Triple negocio, triple aumento de productividad y triple pertinencia; tres tipos de empresario reforzando mutuamente su prosperidad: el molinero, los tejedores y el proveedor de equipo para que produzcan.

No tengo nada en contra de que la gente gaste en lo que quiera, como usted parece creer. Precisamente por eso, creo en el mejoramiento social por vía del mercado: ofrecer cosas pertinentes para las necesidades y capacidad de pago de los pobres, pero no imponérselas: vendérselas, para que ellos decidan si la oferta les conviene o no. Tampoco creo que "todos los ofertantes en potencia están ciegos o equivocados". Simplemente, creo que muchas cosas perfectamente viables (en particular: medios de producción que favorezcan el autoempleo, la microempresa, los negocios caseros) no se ofrecen, y que eso impide el desarrollo desde abajo.

Muchos problemas sociales (no todos) necesitan soluciones empresariales más que políticas. A la hora de presionar, los empresarios no son la única clientela política, ni la más numerosa (sobre todo si los grandes empresarios insisten en ningunear y aun destruir a los pequeños) ni la más fuerte: entran simplemente a la competencia política donde se ofrece apoyo a cambio de favores. Una competencia desfavorable, porque en ese plan tienen mucho que pedir y poco que ofrecer, a diferencia, por ejemplo, de lo sindicatos. Una competencia que invierte el poder del mercado y lo concentra arriba, en vez de dispersarlo abajo.

Ver que abajo hay mercado fue una virtud del desarrollo norteamericano. En los países europeos, donde los empresarios competían por ser proveedores de la casa real (y, en general, por el mercado de arriba), la casa real y luego el Estado benefactor acabaron ocupándose de las necesidades de abajo. Así, el Estado se volvió el intermediario indispensable: un vendedor político para los pobres y un comprador político para las grandes empresas, que acabaron estatizadas, paraestatizadas o convertidas en concesionarias o contratistas del Estado: una nueva forma de ser proveedores de la casa real. Esto, en el caso ruso, llegó al extremo que sabemos. Por cierto, que sobre esta marketing myopia de los proveedores de la casa real, Lenin hizo un chiste cruel: Si les diéramos a ganar por montar fábricas de sogas para ahorcar empresarios, le entrarían.

La economía mexicana se ha venido burocratizando hasta en el sector privado. Hay quienes creen que esto es parte

57

de un proceso histórico inexorable. Yo creo que es reversible, en todo el mundo (como empieza a verse hasta en los países socialistas) y especialmente en México. La deuda externa limitará el abasto de capital despilfarrable en empleos de lujo. Ya no hay con qué seguirlos creando. Esto desplaza la oportunidad a los empleos que no requieren mucho capital, y no se prestan a piramidar: los autoempleos, las pequeñas empresas. Pero hay que ver la oportunidad, y orientar la oferta en esa dirección.

Por razones sociales, económicas y políticas, México necesita empresarios creadores de empresarios: que se dediquen menos a los mercados de apoyos y favores políticos y más a los mercados de medios para que aumente la productividad independiente. Ante el mercado de medios de producción de cinco y diez centavos, faltan empresarios que digan: ¿Qué puedo darle a éste por un quinto, que lo haga prosperar? Un empresario que vende equipo, servicios, insumos, para que la gente trabaje por su cuenta, ofrece una solución más viable que la utópica creación de empleos de lujo en una burocracia pública o privada; ayuda a salir de pobres a quienes nunca van a conseguir esos empleos; se apoya en una vieja y sólida tradición mexicana del negocio casero, ennoblecida por soluciones como las de Vasco de Quiroga; favorece la autonomía local frente al centralismo y la burocracia; hace negocios y favorece el desarrollo horizontal de la sociedad. Como si fuera poco, se reproduce como empresario: multiplica su imagen y su semejanza.

Un empresario que se orienta al mercado de arriba, que favorece el desarrollo piramidal de la sociedad, trabaja para la burocracia que lo va a eliminar como figura social: ofrece sogas para que lo ahorquen.

INVERSIONES IMPRODUCTIVAS

LAS ÚLTIMAS PIRÁMIDES

Como una anticipación geológica de la historia que vendría, la plataforma continental de México emergió de las aguas formando una pirámide truncada. Un vasto altiplano se elevó de las costas y se pobló de otras pirámides premonitorias: los volcanes. Luego se poblaría de pirámides indígenas y finalmente de pirámides burocráticas.

La dotación geológica traía grandes reservas de plata y petróleo, tierras más forestales que agrícolas, poca agua, una multitud de valles incomunicados entre los vericuetos orográficos. Esto favoreció, por una parte, la economía de subsistencia, dispersa y autárquica; por la otra, una economía cortesana que prosperó con las riquezas del subsuelo.

Fernández de Lizardi vio en esa dualidad el mérito del campo frente al dinero fácil: "no adoremos el oro ni la plata [...] la naturaleza, siempre sabia, los ocultó a la vista de los hombres; mas éstos, perezosos y egoístas, rompen las entrañas de su madre para sacar estos metales y hacerse ricos de la noche a la mañana sin trabajar. ¡Qué horror! La naturaleza benéfica les preparó a todos los mortales las verdaderas riquezas, no en el centro, sino en la superficie de la tierra".

López Velarde fue más lejos. En la doble herencia de

México, veía una dualidad funesta: la pobreza cristiana de la vida campesina/ la riqueza fáustica del inframundo. Como si la riqueza fácil implicara un pacto con el diablo, a cambio de perder el alma campesina:

> El niño Dios te escrituró un establo
> y los veneros de petróleo el diablo.

Aunque la economía del poder central en México, como en todas partes, ha oprimido la economía campesina, no ha podido explotarla mucho. La exacción de tributos agrícolas a comunidades pobres, remotas y dispersas, a través de caminos montañosos, a pie (en los tiempos indígenas) o con bestias de carga (después, antes de que hubiera ferrocarriles y motores de gasolina), fue siempre más opresiva que costeable. El verdadero negocio central ha sido la extracción de riqueza subterránea: obsidiana, plata, petróleo.

A partir de los yacimientos de obsidiana, se erigió el primer Estado del altiplano: Teotihuacán, la ciudad de imponentes pirámides, que llegó a tener 200,000 habitantes. Por los años 350-550, mientras Roma declinaba y el imperio chino se desintegraba bajo invasiones bárbaras, Teotihuacán prosperó como la capital del mundo mesoamericano y una de las mayores del planeta.

A las pirámides siguieron los templos y palacios virreinales. La plata alimentó la fastuosidad del Estado español en el altiplano (y, por supuesto, en España). Hasta la fecha, México sigue siendo uno de los primeros productores de plata del mundo. También de petróleo, grafito, fluorita, antimonio, plomo, zinc, mercurio, cadmio, bismuto, selenio y hasta azufre: para que huela a bendición del diablo la riqueza extraíble. Pero hubo un cambio importante de la obsidiana a la plata. El desarrollo teotihuacano era artesanal, con exportación al resto de Mesoamérica. Empezó por objetos de obsidiana local, llegó a importar obsidiana para transformarla y se extendió a otras manufacturas exportables: la cerámica, los trabajos de concha (traída del mar) y de piedras finas. En cambio, la plata (como luego el petróleo) sirvió para convertir al país en casa de moneda, para exportar capacidad de pago más que trabajo de las manos: para hacer prosperar el trabajo de otras manos, ocupadas en atender las necesidades cortesanas de España y la Nueva España.

Hubo un modelo alternativo, del cual quedan residuos. En el siglo XVI, en Michoacán, el obispo Vasco de Quiroga crea una prosperidad basada en la división del trabajo de las manos y el intercambio. Como en el modelo teotihuacano, pasa de la autarquía campesina a una economía más amplia y diferenciada que integra la anterior. Cada pueblo se especializa en una artesanía de exportación que intercambia con los vecinos, sin dejar de producir sus propios alimentos, ropa y techo. Se integra así la economía de subsistencia con el desarrollo protoindustrial. Más aún: a través de las manos, se integran las tecnologías indígenas y europeas.

Tanto el modelo teotihuacano como el michoacano tuvieron la virtud de apoyarse en la economía previa y la cultura local para desarrollarlas, a través de la exportación. Además, el modelo michoacano, a diferencia del teotihuacano, era regional en vez de centralista.

El imperio azteca heredó el centralismo, pero no el desarrollo de Teotihuacán: su capital tuvo menos manos artesanales, menos empleos exportadores, menos población. El virreinato continúa el centralismo azteca y prospera con la extracción de

63

plata, que margina o aplasta la economía previa, en vez de desarrollarla; que polariza la prosperidad, en vez de integrarla. Frente a la economía cortesana, la economía de subsistencia queda marginada, en el mejor de los casos; en el peor, sometida, dislocada, como la cultura local. Esta polaridad reaparece en el siglo XX con el petróleo, los universitarios y las pirámides burocráticas: la nueva plata, los nuevos cortesanos y las nuevas pirámides.

La economía artesanal, que pudo haber sido la base de un desarrollo más sano, fue todavía golpeada en el siglo XIX con las mejores intenciones progresistas. El poder central actuó directamente contra los gremios artesanales y destruyó gran parte de ese tejido social autónomo, sin ganar siquiera beneficios importantes para su propia economía, débil entonces.

El fasto indígena y virreinal resultó inasequible para el nuevo Estado mexicano, inestable y escaso de recursos, en medio de convulsiones internas e intervenciones externas, hasta que Porfirio Díaz construyó el primer Estado estable mestizo (después del español y los indígenas) a través de la disyuntiva "pan o palo": concesiones favorables para el que acepta el integrismo político; mano dura para el que no lo acepta. Desaparece el partido conservador y se establece un integrismo nacionalprogresista. La leal oposición, desde entonces hasta la fecha, se vuelve una tontería política, cuando no traición a la patria.

El nuevo Estado empezaba a crear su propia corte y sus propios fastos cuando fue destruido por la revolución de 1910. Su reconstrucción, después de nuevas convulsiones internas y amenazas externas, tuvo un apoyo decisivo en el petróleo. El primer auge (criticado en *La suave Patria* de López Velarde y en *La rosa blanca* de Traven) fue en "los fabulosos veintes", cuando

México se volvió el segundo productor petrolero del mundo. Pero el Estado mexicano sólo recibía migajas de la extracción, en manos extranjeras. Después de la expropiación en 1938 y la quintuplicación de precios en 1973 (que volvió costeable la explotación de reservas profundas, gigantescas), hubo un segundo auge que llegó al delirio en los años de 1979-1981 y se estrelló contra la realidad en 1982.

Eso impidió la inauguración fastuosa del edificio central de Pemex: una especie de gran pirámide o catedral del petróleo (naturalmente, en la ciudad de México: donde la principal actividad petrolera consiste en despilfarrar el petróleo, no en extraerlo). La Torre de Pemex puede recibir simultáneamente a más de 22,000 personas en sus 242 metros de altura. En comparación, la gran Pirámide del Sol de Teotihuacán tiene 63 metros de altura y las torres de la Catedral de México tienen 66.

La empresa y el edificio (que son los mayores de México y de los mayores del mundo) subrayan la polarización extrema del país: entre el altiplano y las costas, entre la capital y el interior, entre la economía cortesana y la de subsistencia, entre la ciudad y el campo, entre la cultura del progreso y las culturas indígenas, entre el despilfarro y la miseria, entre el poder central y la dispersión impotente. Todos los habitantes de cualquier población rural de México pueden estar en la Torre de Pemex. La cual hace más consumo eléctrico, telefónico, de correos, automóviles, aviones, helicópteros, elevadores, combustible, papel, agua, drenaje, policía, que muchas poblaciones juntas.

El Estado, las grandes empresas, los grandes sindicatos, las grandes universidades, manejan hoy un personal y un presupuesto que nadie hubiera soñado hace medio siglo. Pocas personas en el mundo tienen un poder tan ilimitado sobre tantos recursos y personas como un presidente mexicano. Alejandro Magno en toda su gloria no manejó más recursos que Pemex. El Grupo Alfa empequeñeció los antiguos sueños mexicanos de gloria empresarial; creó una burocracia moderna, ambiciosa y cortesana en el sector privado, nunca antes vista. La Universidad de México tenía 10,000 estudiantes en 1935; hoy tiene más de 300,000 y es una de las mayores del mundo: una ciudad-Estado dentro de la ciudad-Estado, mayor que el Estado teotihuacano. El Sindicato Petrolero tiene un poder y riqueza mayores: comparables a los que tenía la Iglesia cuando parecía dueña del país.

Todo este gigantismo surgió en unas cuantas décadas y nadie lo esperaba, aunque así desembocan sueños de grandeza y circunstancias latentes a través de los siglos: la riqueza del subsuelo, el centro como lugar sagrado, la economía cortesana, el deseo de redención, que va de las reformas de Vasco de Quiroga a la reforma agraria y el progreso industrializador.

De 1810 a 1921, la sociedad mexicana vivió sacudidas volcánicas comparables al trauma de la conquista en el siglo XVI. Estamentos completos, como placas tectónicas, emergieron o fueron desplazados. Los españoles nacidos en España perdieron el poder frente a los nacidos en México, que a su vez lo perdieron frente a los mestizos. La Iglesia, las comunidades locales y los gremios artesanales perdieron bienes y privilegios en favor, no del Estado, sino de la oligarquía de terratenientes, caudillos y extranjeros, que a su vez luego perdieron fuerza frente a los sindicatos, las oligarquías industriales y, sobre todo, el Estado. De estas sacudidas brotaron las últimas pirámides, subsidiadas con petróleo y coronadas por la gente bonita que se fue apoderando de todo: los universitarios.

Piramidal, funesta, de la tierra
nacida sombra, al Cielo encaminaba
de vanos obeliscos punta altiva,
escalar pretendiendo las Estrellas...

dice Sor Juana, hablando de una sombra, en la que hoy pudiéramos ver la oscura mancha del petróleo, que se extiende y arrasa con la vida del campo, mientras la corrupción y el despilfarro (escalar pretendiendo las estrellas) arden en la punta altiva de las últimas pirámides.

PETRÓLEO Y GIGANTISMO

En 1885, Carl Benz sacó de su taller un coche de tres ruedas impulsado por un motor de gasolina y logró dar la vuelta a la manzana, entre los aplausos de sus ayudantes y de su mujer. Nadie se hubiera imaginado que estaban aplaudiendo la burocratización del mundo. Benz era un pequeño industrial, casi arruinado por la loca idea de producir un coche sin caballos.

Hasta mediados del siglo XVIII, producir dependía de la fuerza humana, la tracción animal y el fuego vegetal. Casi toda la población tenía que dedicarse a la producción de alimentos. Aunque la burocracia tenía milenios de existir, no podía crecer mucho. Estaba limitada por el abasto diario de energía renovable: el sol nuestro de cada día, que mueve el viento, la lluvia, las mareas, y sostiene la vegetación.

Cuando se inventó la máquina de vapor y se empezó a explotar el carbón de mina, empezaron a crecer las ciudades. Cuando se inventó el motor de combustión interna y se empezó a explotar el petróleo, el gigantismo burocrático del siglo XX se volvió posible.

Hasta mediados del siglo XIX, la mayor parte de la población mundial trabajaba por su cuenta. No vendía su tiempo marcado en un reloj a la puerta de instalaciones ajenas.

Trabajaba en lo suyo: vendía productos y servicios producidos con los recursos familiares. Depender económicamente de un empleo no era lo más común, ni parecía deseable. Era como caer en la servidumbre. Por el contrario, la servidumbre deseaba ser libre, y las personas libres no deseaban sino trabajar por su cuenta. Todavía en 1950, la mitad de los mexicanos trabajaba por su cuenta: eran campesinos, artesanos, pequeños empresarios, profesionales libres. Y los que no trabajaban por su cuenta trabajaban casi siempre con alguien que trabajaba por su cuenta. La sociedad estaba poco piramidada. Aspirar al servicio público en un escritorio burocrático parecía una falta de realismo, casi una enfermedad mental, para la cual se usaba un término burlesco: "empleomanía". Significativamente, la palabra dejó de usarse. Buscar empleo se volvió normal.

Esta nueva normalidad culminó hacia 1970. En los países llamados capitalistas, la mayor parte de la población ya no tenía su propio capital para trabajar: tenía empleo. En los llamados socialistas, casi toda la población había vuelto a la servidumbre. La economía mundial se había burocratizado. Todo se había vuelto administración. No tener un empleo, de preferencia en oficina, era como no existir. Trabajar por cuenta propia era estar fuera de la realidad (en los países capitalistas) o de la ley (en los socialistas).

Sin embargo, desde 1970, se habla cada vez más de autoempleo, de pequeñas empresas, de iniciativas de creación social frente al Estado. Las grandes empresas, las grandes ciudades y las finanzas del sector público comenzaron a vivir tiempos difíciles. La Unión Soviética (de la cual dijo Lincoln Steffens, después de una visita: "He estado en el futuro, y sí funciona") se derrumbó aparatosamente.

En una perspectiva milenaria, la extrema concentración

del poder, el gigantismo y la burocratización del mundo, que parecen haber llegado a su máximo en 1970, quizá resulten fenómenos transitorios. Recibieron un subsidio extraordinario, pero no renovable: la inyección fácil de energía fósil, cuyo despilfarro empezó el siglo pasado y terminará el siglo que entra. Esos grandes depósitos de energía barata (el carbón, el petróleo), que se acumularon durante millones de años para ser consumidos en dos siglos, han servido para que parezcan progresistas y económicas muchas cosas que no lo son. El gigantismo y la burocracia son progresos improductivos, deficitarios, subsidiados, que pueden sostenerse mientras no se generalicen. No es lo mismo que el sector improductivo represente el 1% del total, que el 5%, que el 50%: a medida que crece, se vuelve más insostenible.

No parece casualidad que, en el censo de 1980, por primera vez en la historia de los Estados Unidos, las grandes ciudades hayan dejado de crecer. Esto no puede desconectarse de lo que sucedió después del censo de 1970: el aumento en los precios de la gasolina, la calefacción y la electricidad, el aumento en las tasas de interés, la quiebra municipal de Nueva York, la negativa del gobierno federal a absorber el déficit de las grandes ciudades, la rebeldía de los contribuyentes al aumento de impuestos municipales. Cuando el gigantismo deja de recibir subsidios, deja de crecer.

LA OFERTA DE PROGRESO

1.Los debates sobre el progreso del campo no son debates campesinos, dispersos a través de pequeñas comunidades. Son debates universitarios en los foros urbanos. (Algunos participantes toman las armas y se dispersan por el campo, pero continúan teniendo como foro de resonancia y como meta triunfal las ciudades.)

El contenido de los debates, las pugnas geopolíticas, ideológicas, técnicas, hacen perder de vista que los adversarios pertenecen a una misma cultura universal, que se extiende por el planeta y se impone a todas las culturas tradicionales: la cultura del progreso.

Las diferencias de opinión sobre qué es progreso, cómo y quién debe ofrecerlo, a quiénes, pueden verse en el marco de las discusiones más o menos técnicas de las distintas profesiones proveedoras de progreso. Pueden verse en el marco de la competencia por los mercados internacionales (de armas, inversiones, productos, tecnología, influencia). Pueden verse en el marco de la lucha de clases. Pero, en un marco antropológico, son pugnas internas de la cultura del progreso.

Los proveedores de progreso están del mismo lado con respecto a sus clientes, pacientes o pupilos: arriba, en el centro, adelantados. Los atrasados son el tema, los consumidores, las víctimas, de la cultura del progreso; no sus creadores, agentes, interlocutores.

2. El progreso autónomo, disperso, desde abajo, siempre ha existido; pero nunca ha sido muy respetado, ni para efectos de registro y análisis histórico, económico, sociológico. Se supone que abajo hay una masa amorfa que debe ser refundida, por su propio bien, en alguno de los moldes del progreso. Se supone que hay pocos moldes posibles. Con frecuencia, se habla de dos: la alternativa salvadora (es decir: la que nosotros ofrecemos) y la pervertidora (es decir: la que ofrecen los otros). También se usa la dicotomía para rechazarla y presentar una tercera posición salvadora que no es ni A ni B. De cualquier manera, la oferta de progreso suele reducirse a un solo molde, impuesto desde arriba, aunque las mismas cosas (por ejemplo: el control de la natalidad) resulten progresistas o reaccionarias, de izquierda o de derecha, salvadoras o satánicas, según el proveedor que las ofrezca. Estas clasificaciones son decisivas para que ciertas cosas se ofrezcan o no se ofrezcan, según las necesidades mitológicas, políticas o prácticas de los proveedores de progreso. Que esas cosas sean pertinentes para las necesidades de los supuestos beneficiarios, a juicio de éstos, no es lo que rige la oferta.

En este sentido, no hay mucha diferencia entre los dirigentes de las grandes empresas norteamericanas o nacionales, privadas o públicas; entre los funcionarios de los gobiernos capitalistas o socialistas; entre los misioneros cristianos o los guerrilleros marxistas: todos suelen ser universitarios convencidos de que los campesinos no saben lo que les conviene, que hay que decidir por ellos. Este despotismo ilustrado puede ser blando o duro: desde la invitación a dejar atrás una cultura obsoleta hasta la imposición violenta del progreso (pasando por el progreso que no existe más que en los decretos). Pero Castro y Pinochet, los gobiernos de México y Venezuela, la General Motors y Pemex, los militares y los guerrilleros salvadoreños, los grandes empresarios y los académicos distinguidos de América Latina y del exterior, no tienen muchas dudas de que saben mejor que los campesinos lo que a los campesinos les conviene.

3. Las culturas tradicionales reconocen la importancia del progreso, como puede verse, por ejemplo, en la recolección de Frazer, *Myths of the Origin of Fire*. Los indios del continente americano no sólo inventaron la agricultura, la escritura (pictográfica), el papel, el uso del cobre, el concepto de cero, la arquitectura, las obras de irrigación, la historia, la poesía, la tributación, la guerra, la conquista y otros progresos comunes a la especie humana: lo celebraron, tuvieron la conciencia del progreso. Pero, cuando llegaron los españoles, no habían inventado el uso de la rueda ni del hierro, no tenían caballos ni armas de fuego.

Paradójicamente, los indios menos adelantados: los nómadas, fueron capaces de resistir todavía algunos siglos porque se apoderaron del caballo y las armas de fuego; dos progresos llegados del exterior que parecían hechos para el nomadismo, y que en vez de aplastar su cultura les daban mejores medios de expresarla y fortalecerla, hasta contra los mismos que llevaron esos progresos. Lo cual es otra forma de progreso que ha existido siempre: asimilar por iniciativa propia creaciones ajenas que refuerzan el desarrollo autónomo. (Caso reciente: la industrialización japonesa.)

En México, apareció la revolución agrícola tres mil años antes que en las Islas Británicas. En esa escala histórica, que la revolución industrial apareciera en las Islas Británicas siglo y medio antes que en México, representa un retraso insignificante. Pero lo importante no es la comparación contra el reloj, es la autonomía creadora. Lo importante de llegar antes no es el antes, es quién lleva la iniciativa. Lo mejor no es lo más avanzado, ni lo ajeno ni lo propio: es lo que (venga de donde venga, sea viejo o nuevo, ajeno o propio) más conviene al desarrollo autónomo.

4. La crítica del progreso tiene antecedentes milenarios. Los consejos de "No guardes comida, ni bebida, ni ropa, ni te angusties" (Buda), "las aves del cielo ni siembran, ni cosechan, ni tienen graneros" (Cristo) parecen "contraculturales": una crítica a la revolución agrícola y una añoranza de la edad de oro recolectora, que ya parecen darse en el relato bíblico de la expulsión del paraíso recolector para expiar el cultivo de plantas: el árbol del propio saber. El tópico de la edad de oro recolectora llega hasta Cervantes y Rousseau. "Dichosa edad y siglos dichosos aquellos [cuando] los que en ella vivían ignoraban estas dos palabras de *tuyo* y *mío*. Eran en aquella santa edad todas las cosas comunes: a nadie le era necesario para alcanzar su ordinario sustento tomar otro trabajo que alzar la mano [...] aún no se había atrevido la pesada reja del corvo arado"... (*Don Quijote* I, 11). "El primer hombre que, después de haber cercado un terreno, tuvo la ocurrencia de decir: esto es mío, y se encontró con gente tan simple como para creérselo, fue el verdadero fundador de la sociedad civil." (*El origen de la desigualdad entre los hombres*, II.)

Pero ya en Rousseau, en Kant, la crítica por confrontación con el paraíso de ayer, empieza a volverse crítica por confrontación con el paraíso posible, confianza en la capacidad humana de acelerar el progreso. La verdadera novedad histórica no es el progreso, ni la conciencia (laudatoria o crítica) del progreso. Tampoco el mesianismo (que se integra a la cultura del progreso, pero existe en las culturas tradicionales). Es la voluntad de progreso.

Las culturas tradicionales aceptan sus limitaciones, se acomodan a su pobreza, desconfían de la hubris y de la lucha contra lo insuperable. Para la cultura del progreso, lo irremediable debe ser negado porque niega la capacidad humana: el esfuerzo debe ser interminable.

En la cosmogonía bíblica, la creación progresa por etapas no muy distintas de las que propone la cosmogonía moderna: primero la energía, luego la tierra, las plantas, los animales y finalmente el hombre. Pero cada etapa culmina con una aceptación: todo está bien. Y, sobre todo, la creación termina: el creador descansa el séptimo día, satisfecho de su creación. Así, un pueblo subdesarrollado, en condiciones que hoy llamaríamos miserables, inventa el séptimo día, sacrifica el 14.3% de su capacidad de producción.

La cosmogonía moderna no tiene séptimo día. Su ideal es trabajar tres turnos diarios siete días por semana. El progreso no lleva a la plenitud satisfecha: no culmina. Toda culminación es transitoria, superable por la siguiente, en una serie interminable. Nada acaba de estar bien: el hombre mismo es un prehombre transitorio, un borrador desechable de un prehombre superior.

Según Hegel, el mundo germánico supera al romano, que supera al griego, que supera al oriental. Según Marx, el modo de producción burgués supera al feudal que supera al antiguo que supera al asiático. Según los universitarios de cualquier país, de cualquier especialidad, de cualquier ideología, los campesinos saben menos que ellos y ni siquiera saben desear lo

75

que les conviene: sus conocimientos y preferencias son reliquias históricas, su cultura es obsoleta. De la misma manera, Einstein superó a Newton que superó a Galileo que superó a Aristóteles. Los jóvenes superan a los viejos, los productos nuevos a los anteriores, etcétera.

5. Las culturas tradicionales no son ajenas al progreso, sino a la ciega voluntad de progreso. Aceptan que el paraíso en la tierra quedó atrás y que no hay manera de volver, excepto en otra vida (o a través de las fiestas, que son como otra vida). La cultura del progreso no lo acepta: cree que el esfuerzo del hombre conduce a un paraíso en la tierra más o menos próximo. Este sueño tiene dos elementos que ya aparecen en Condorcet (*Esbozo de un cuadro histórico del progreso humano*, 1795): la igualdad y el continuo perfeccionamiento.

Se trata de elementos no necesariamente contradictorios, aunque el primero es de origen arcaico (la igualdad, la libertad, la fraternidad, la abundancia del paraíso recolector perdido) y el segundo de origen reciente (como voluntad, no como hecho). Sin embargo, a lo largo de la revolución agrícola y de la revolución industrial, el avance se ha impuesto sobre la igualdad. La agricultura es un avance sobre la vida recolectora, pero introdujo la desigualdad. La escritura también es un avance, pero aumentó la desigualdad. La revolución industrial es un avance, pero aumentó más aún la desigualdad.

En la recolección, la caza, la pesca, la acumulación es imposible: no es posible andar cargando medios de producción pesados; no es posible guardar para mañana provisiones que se descomponen. Tampoco es necesario, con una población escasa en regiones inmensas, donde basta con moverse a otra parte para obtener provisiones frescas, con tres o cuatro horas diarias de trabajo (Marshall Sahlins, *Stone Age Economics*). Con la agricultura, aparecen los primeros propietarios, acumuladores, previsores, individualistas. En comparación con la meritocracia, los campesinos tienen mucho respeto a la gratuidad, a la naturaleza, a la comunidad; pero se trata de rasgos que vienen de la vida recolectora, en comparación con la cual los campesinos son los primeros meritócratas (ganarás el pan con el sudor de tu frente) que hacen violencia a la naturaleza (con la pesada reja del corvo arado) y establecen la propiedad privada (esto es mío).

Y, con todo, hasta la fecha, dentro del sector campesino hay menos desigualdad que dentro del sector moderno. La vida moderna está llena de avances con respecto a la campesina, pero no aumentó la igualdad. La igualdad, como el tiempo libre, disminuyó de la vida nómada a la campesina a la urbana. Paradójicamente, en cada uno de esos saltos, aumentó la productividad del trabajo y el tiempo dedicado a trabajar. La mayor productividad no se usó para tener más tiempo libre, o para hacer más igual el consumo, sino para producir más, para tener más, para ser más: para avanzar.

6. En la cultura del progreso, la voluntad de avanzar se vuelve un fin en sí mismo, aunque se disfraza de medio indispensable para realizar el sueño arcaico de la igualdad, del ocio, de la felicidad.

Esta tensión histórica entre el sueño arcaico y la voluntad moderna se refleja en el espacio. Si sobre el planeta se trazaran cotas isoprogresistas, la geografía del progreso coincidiría con la dominación de las ciudades. En las ciudades vive la etnia del progreso (con destacamentos dispersos: agrícolas, petroleros, misioneros, extensionistas, vendedores, guerrilleros). De ahí sale la oferta del progreso hacia su hinterland atrasado. La geopolítica internacional hace perder de vista esta geopolítica urbana: el progreso está polarizado, concentrado, piramidado en las ciudades. Los avanzados están arriba y en el centro, los atrasados abajo y en la periferia. Aunque el sector moderno de cada país tiene elementos particulares, las grandes ciudades de todos los países se parecen más entre sí que a sus remotos interiores aldeanos: concentran el saber, el poder, los privilegios, a través de organismos centralizadores, estructurados piramidalmente y encabezados por universitarios.

Estas grandes pirámides gubernamentales, empresariales, sindicales, partidistas, científicas, académicas, en parte por intereses miopes y en parte por razones de fe, creen que su propio crecimiento es la vía del progreso de todos. A diferencia de otras minorías privilegiadas, las que encabezan la cultura del progreso no se consideran legítimas por la sangre o el derecho divino, sino por sus buenas ideas, por sus méritos curriculares, por su voluntad de progreso, por su capacidad de ofrecer a todos la posibilidad de progresar. Sienten que sus posiciones privilegiadas no son realmente un privilegio porque, en principio, todos pueden ocuparlas. Sienten que no se oponen a la mayoría: la encabezan. Sienten que, en realidad, son una parte de la mayoría: su avanzada, su vanguardia. Son esa parte de la mayoría que llegó antes adonde todos llegarán.

Así, la oferta de progreso se convierte en una invitación a trepar. Hasta los campesinos más atrasados tienen derecho a lo imposible: a tener automóvil, hacer estudios universitarios y trepar a la cúspide. Esta oferta responde, naturalmente, a las necesidades mitológicas de los dirigentes del progreso, no a las necesidades prácticas de las culturas tradicionales. Las minorías progresistas necesitan creer que sus posiciones privilegiadas son derechos universales gradualmente realizables. Necesitan creer que en una edad de oro futura será posible privilegiar a todos. Abogar por este imposible favorece una oferta de progreso poco práctica, pero legitima las posiciones privilegiadas. Si abogo por el derecho de todos a tener automóvil, estudios universitarios, poder, mi automóvil, mis estudios universitarios, mi poder, dejan de ser privilegios. Todo lo que sucede es que llegué antes adonde los demás llegarán después.

La inoperancia se va mostrando en la práctica: los años pasan, los avances continúan, los ocupantes de las posiciones privilegiadas van cambiando (de manera pacífica o violenta), pero la mayoría sigue abajo, invitada a progresar, a trepar las pirámides que supuestamente permiten igualar por arriba: dar a todos lo que no es generalizable.

7. Hay sociedades en las cuales el consumo conspicuo de un inferior ofende al superior. En México, por el contrario, hay cierto orgullo patronal en tener secretarias que viajen al extranjero, choferes que lleguen al trabajo en su propio automóvil, obreros que se gasten una fortuna en una fiesta de quince años. Esta complicidad es más simpática que rechazar al "igualado". Es la complicidad del paternalismo trepador que forma equipos para subir y se identifica con la aspiración a más del subordinado: "Tú júntate conmigo, y verás cómo te va bien". La sociedad en México es arribista más que aristocrática: la novedad de hacer por primera vez en la vida ciertos consumos costosos, que no eran de tradición familiar, es una experiencia constante para millones de mexicanos, que están llegando a más, aspirando a más.

Este arribismo masivo se refleja en el mercado. Innumerables productos y servicios que aparecen como un lujo (los pisos de mármol, los viajes en avión, el automóvil, las tarjetas de crédito) se vuelven pronto de consumo masivo. Con muchos problemas para los que llegan a esos lujos. La reproba-

79

ción de lujos que "no corresponden" es represiva, pero tiene una ventaja: no empuja al despilfarro, como el paternalismo benévolo. Cuando se fomenta generosamente el arribismo masivo, el que no despilfarra se siente mal. Usa la tarjeta para arruinarse y acabar como el país: en la dependencia deficitaria, después de haber comprado elefantes blancos "con el poder de su firma".

Hace unas cuantas décadas, los estacionamientos de las fábricas estaban previstos para los jefes y para las visitas: se suponía que los obreros no tenían automóvil. Ahora, en muchas partes, el mayor número de coches estacionados corresponde a los obreros. Lo mismo ha sucedido en las universidades, donde antes era normal que los estudiantes y una buena parte de los profesores no tuvieran automóvil. Hoy las calles y estacionamientos están repletos de automóviles: una abundancia despilfarradora de miles de millones de dólares improductivos, en un país donde escasean los medios de producción baratos.

Extender a una minoría masiva (la cuarta o quinta parte de la sociedad) lujos improductivos tiene una explicación social y política. En una sociedad arribista, no es posible decir: yo tengo estudios universitarios, pero tú no entras a la universidad; a mí me tocó automóvil, pero a ti ya no. Es más bonito decir: a mí me tocó llegar antes, pero todos tendrán mis privilegios. Soy líder sindical y uso brillantes para que sepan los capitalistas lo que nos merecemos todos los trabajadores (Luis N. Morones). Quiero que todos los mexicanos lleguen a tener su Cadillac, su puro y su boleto para los toros (Miguel Alemán).

Los medios de consumo costosos (a diferencia de los medios de producción baratos, que favorecen la productividad autónoma), favorecen el caudillaje empresarial, sindical y político. Trabaja por tu cuenta y pasarás privaciones, porque cuidarás lo tuyo. Júntate conmigo y nos gastaremos el dinero de la compañía, la institución, el erario.

La pobreza de las culturas tradicionales es distinta de la moderna: no es una pobreza de asalariados sino de autoempleados. Etnocéntricamente, es vista como desempleo disfrazado. Si la oferta de progreso es ante todo invitación a trepar, el atraso tiene que ser visto como desempleo y la mejoría como medios de aculturación, empleo y consumo: la escolaridad necesaria para ser un asalariado y ganar lo suficiente para comprar primero una televisión, luego un automóvil, etcétera.

Pero los autoempleados que ganan poco necesitan medios de producción baratos para aumentar su productividad autónoma, no empleos, no aculturación, no bienes de consumo que pueden producir ellos mismos. Necesitan una oferta de progreso más realista, que diga: Sigue en tu independencia pobretona. Te voy a comprar parte de lo que produces para que tengas con qué comprarme medios baratos de producir más, por tu cuenta.

8. No faltan críticas al automóvil, los antibióticos, los fertilizantes, las computadoras, la energía nuclear, el gasto en armas cada vez más avanzadas, la industrialización, la burocracia, la agricultura, la medicina, la educación, la televisión, el consumismo, la permisividad, la represión, los avances de los países oficialmente liberales o socialistas, las intervenciones bienhechoras de estos países en el progreso de otras naciones, las trasnacionales, los partidos, el terrorismo, los misioneros. No faltan críticas sobre los efectos contraproducentes del progreso en la naturaleza, en los sectores y países atrasados y hasta en los avanzados. Tampoco faltan críticas a las soluciones derivadas de las críticas anteriores.

De todas estas críticas puede llegarse a una crítica de la oferta de progreso, en dos puntos:

a) Que suscita esperanzas irrealizables (en su propia etnia, en los convertidos) por el costo que tiene y por su misma esencia progresista (la voluntad de más). La cultura del progreso, en ese sentido, tiene mucho que aprender de las culturas tradicionales (que llevan milenios de vivir el fenómeno del progreso): aprender, por ejemplo, a no jugar al aprendiz de brujo con el progreso.

b) Que exige aculturación a los otros, en vez de aculturarse a sus necesidades prácticas, y así les roba la iniciativa. Bloquea su desarrollo autónomo, en vez de favorecerlo con medios que encajen en las culturas tradicionales. Supone que éstas son ajenas al progreso, que no tienen más futuro que el museo; que para ayudar a los campesinos, hay que ayudarles a que dejen de serlo.

Un teorema sobre el progreso improductivo

1. El teorema

La desigualdad de equipamiento produce menos que la igualdad

Sea una sociedad en la cual todos estén igualmente equipados para producir. Supongamos que sea posible aumentar la producción con más equipo, y que el equipo adicional se pueda distribuir de tres maneras:

1. Manteniendo la igualdad de equipamiento.

2. Concentrando el equipo adicional en un sector.

3. Distribuyendo el equipo adicional en diferentes dosis: desde cero, para los que siguen como siempre, hasta el máximo, para una minoría extraordinariamente equipada.

Supongamos que la producción sea medible por una función Cobb-Douglas:

$$Q = A\, K^a\, L^b$$

donde Q es el quantum producido, A una constante positiva, K el capital o equipo empleado en producir, L el trabajo o las personas equipadas, a y b constantes positivas cuya suma es l.

Supongamos que el equipo adicional puede asignarse en combinaciones que no alteran los parámetros de la función (A, a, b).

Consideremos dos niveles de equipamiento, como en el caso 2. El sector 1 produce como siempre (con intensidad de capital K_1/L_1). El sector 2 produce con mayor intensidad de capital (K_2/L_2). En el sector menos equipado, L_1 equipado con K_1 produce Q_1. En el sector mejor equipado, L_2 equipado con K_2 produce Q_2. El producto global suma

$$Q_1 + Q_2 = A K_1{}^a L_1{}^b + A K_2{}^a L_2{}^b$$

Consideremos como alternativa que el equipo total ($K_1 + K_2$) se distribuya entre todos ($L_1 + L_2$) a partes iguales, como en el caso 1. El producto global igualitario es entonces:

$$Q_i = A(K_1+K_2)^a (L_1+L_2)^b$$

Matemáticamente, la desigualdad de Hölder establece que si K, L, a, b, son números positivos y si a + b = 1,

$$K_1{}^a L_1{}^b + K_2{}^a L_2{}^b \langle (K_1+K_2)^a (K_1+L_2)^b$$

Multiplicando por A y sustituyendo:

$$AK_1{}^a L_1{}^b + AK_2{}^a L_2{}^b \langle A (K_1+K_2)^a (L_1+L_2)^b$$

$$Q_1 + Q_2 \langle Q_i$$

Es decir: concentrar los recursos adicionales en un equipamiento disparejo produce menos que el equipamiento igualitario.

Bajo los mismos supuestos, el resultado puede generalizarse para cualquier número de sectores con distintos niveles de equipamiento (caso 3), porque la desigualdad de Hölder es válida para cualquier número de sumandos:

$$\Sigma K^a L^b \langle (\Sigma K)^a (\Sigma L)^b$$
$$\Sigma Q \langle Q_i$$

Es decir: la desigualdad de equipamiento produce menos que la igualdad.

2. Observaciones

a) La validez matemática del teorema no le confiere validez empírica, sujeta a la que tenga la función Cobb-Douglas.

b) La función Cobb-Douglas reduce los factores a dos: capital y trabajo. Si se descomponen en más (por ejemplo, considerando como factores aparte la tierra, los insumos energéticos, la educación), el teorema sigue siendo válido, porque la desigualdad de Hölder es válida para varios factores, siempre y cuando sus exponentes (a, b, c, d...) sumen 1. También se pueden generalizar los resultados al caso en que los exponentes sumen más que 1 (de interés para otras funciones de producción), a través del teorema de Jensen:

$$\Sigma K^a L^b \cdots N^n \langle (\Sigma K)^a (\Sigma L)^b \cdots (\Sigma N)^n$$

85

c) La desigualdad de Hölder pertenece a la matemática de los promedios. Su aplicación en el teorema (que debo al matemático José Ádem) puede leerse así: la suma de los promedios geométricos de K y L es menor que el promedio geométrico de las sumas K y L.

En general, considerando no sólo K y L, sino varios factores de producción hasta N, la desigualdad no es válida si en la matriz

$$K_1 \; L_1 \; \cdots \; N_1$$

$$K_2 \; L_2 \; \cdots \; N_2$$
$$\cdots$$

hay un renglón formado exclusivamente con ceros o dos columnas proporcionales. En particular, el teorema no es válido si en algún caso K = L = 0 o si todos los valores de K son proporcionales a todos los de L, por ejemplo:

$$\frac{K_1}{L_1} = \frac{K_2}{L_2} = \frac{K_1 + K_2}{L_1 + L_2}$$

Esto quiere decir que el teorema no es válido cuando es posible producir sin recursos o cuando no puede haber sectores con distintos niveles de equipamiento: supuestos excluidos, naturalmente.

d) Cobb y Douglas presentaron su función como un modelo estadístico que relacionaba satisfactoriamente las cifras censales de capital, trabajo y producción. Desde entonces ha servido para modelar distintas hipótesis, por ejemplo: sobre distribución o crecimiento. Pero el teorema no pretende modelar nada de esto. Usa la Cobb-Douglas como la función maximizable de un problema de investigación de operaciones o planificación central. Se trata de asignar los mismos recursos, en el mismo momento, en la combinación más productiva, desde el punto de vista social.

e) El teorema no dice nada sobre la distribución del producto, que puede ser igual o desigual. No dice nada sobre cómo aumentar los ingresos del capital o del trabajo: habla del producto; y no del producto de una empresa, sino del producto global.

f) El teorema no dice cómo aumentar la producción entre dos momentos, ni cuál es el nivel óptimo de equipamiento a lo largo del tiempo o con respecto a la escala de producción. Supone que equipar cada vez más el trabajo aumenta la producción, aunque cada vez menos (supuesto implícito en la Cobb-Douglas); pero establece que la producción es menor si el equipamiento es desigual. Esto es válido en todo momento, pero no es lo mismo (analíticamente) que maximizar una función de crecimiento.

g) El teorema no dice que lo pequeño (o lo grande) es mejor. Dice que lo parejo es mejor. Pero esto apoya la tecnología intermedia, propuesta por Schumacher. El equipamiento óptimo es el igualitario, o sea el promedio, que por lo mismo resulta intermedio entre 1 y 2:

$$\frac{K_1}{L_1} \langle \frac{K_1 + K_2}{L_1 + L_2} \langle \frac{K_2}{L_2}$$

h) Lo parejo no exige equipos individuales del mismo costo de inversión. Si varias personas producen a través de un equipo grande (al mismo tiempo o en diferentes turnos), lo que cuenta es la parte alícuota (K/L).

i) Tampoco hay que creer, como algunos críticos (y hasta algunos discípulos) de Schumacher, que la tecnología intermedia está por inventarse. En los censos industriales, agrícolas, comerciales, de servicios, salta a la vista qué común es operar con distintos niveles de equipamiento (K/L), y cómo sí existen niveles intermedios.

j) El teorema no dice nada sobre la propiedad de los medios de producción. Habiendo igualdad de equipamiento, el producto global es mayor, aunque la propiedad sea de pequeños productores independientes, cooperativas, capitalistas, el Estado o el extranjero. Recíprocamente, si la propiedad se distribuye a partes iguales (como sucede teóricamente en los regímenes de propiedad estatal), pero los copropietarios operan de hecho con distintos niveles de equipamiento (a pie, en bicicleta, automóvil, avión, estación espacial), la producción es menor.

3. El teorema platicado

El progreso puede ser productivo: aprovechar mejor el tiempo y los recursos para producir más con menos. Ejemplos milenarios: el cuchillo, la rueda, el anzuelo; del siglo XIX: la bicicleta, la máquina de coser; del siglo XX: la microelectrónica.

Pero en el siglo XX ha prosperado el progreso improductivo. Ir en bicicleta cuesta varias veces menos tiempo y energía por kilómetro que ir a pie. Ir en automóvil cuesta diez veces menos tiempo, pero treinta veces más energía que ir en bicicleta (suponiendo vía libre). Además, una bicicleta cuesta uno o dos meses de salario mínimo, que se pagan rápidamente con el aumento de productividad. En cambio, un automóvil, aunque aumenta más la productividad, no se paga tan fácilmente, porque la inversión rinde menos y cuesta años de salario mínimo (más aún considerando las inversiones indirectas).

Una segunda forma de progreso improductivo está en la simple acumulación de recursos disponibles. Cuando se pasa de tener un automóvil, a dos, a tres, a cuatro, hay un uso decreciente por unidad adicional: la misma inversión produce menos. Así sucede en general con la abundancia de recursos de una persona, familia, empresa, institución, sector, país. Cuando se tienen pocos recursos, se desperdician menos. Una vez cubierto lo esencial, empieza la producción con desahogo: tener esto y aquello, por si se ofrece; tenerlo en cantidad o calidad mayor de lo estrictamente necesario; descartarlo, en vez de componerlo; sustituirlo por algo más avanzado, cuando todavía funciona; tenerlo en plan de experimento o por gusto, como un lujo antes impensable pero ahora posible (que en un descuido puede dar dividendos inesperados).

Todo lo cual se refiere al mayor equipamiento de las mismas personas. Si el número de usuarios aumenta en la misma proporción que los recursos, ya no es el caso: el nivel de equipamiento y la productividad no varían. Una cooperativa, por ejemplo, puede optar por invertir sus ahorros extensivamente, admitiendo nuevos miembros equipados como los demás: la producción aumenta proporcionalmente, sin que aumente la productividad. O puede hacerlo intensivamente, mejorando el equipamiento de los que ya están dentro: la producción global y por persona aumentan, pero menos que proporcionalmente. Así mejoran los que están dentro, a costa de negarles equipamiento a otros, y de que los recursos adicionales produzcan menos. Pero la producción perdida es con respecto al nosotros ampliado, no con respecto al nosotros que toma la decisión: los que están fuera no votan, son otros frente a nosotros. Así como la familia pequeña vive mejor, el nosotros pequeño produce mejor (más para sí, aunque menos en total) concentrando el equipamiento.

Supongamos que todas las familias de una sociedad igualitaria progresen al parejo: de andar a pie, a andar en bicicleta, a disponer para su trabajo de uno, dos, tres automóviles. En ese equipamiento cada vez mayor, hay: un progreso productivo (la bicicleta produce más transporte con menos energía que andar a pie); un progreso improductivo por cambio de técnica (el automóvil produce todavía más, pero no con menos); y un segundo progreso improductivo por concentración de recursos (dos o tres automóviles producen más transporte para las mismas personas, pero no el doble o el triple).

Un tercer tipo de progreso improductivo deriva del progreso desigual: de no ir parejos en la cantidad de equipamiento. Supongamos que la sociedad igualitaria ya va en tres automóviles, excepto dos familias que van disparejas: una en dos automóviles y otra en cuatro. Es obvio que el automóvil que hace la diferencia produce menos transporte como cuarto recurso disponible de la familia adelantada, que si estuviera disponible como tercer recurso de la atrasada. Si todas las familias ya tuvieran cuatro automóviles, ese automóvil sería tan improductivo como el de cualquier otra familia, pero no habría nada que hacer: no habría oportunidad de asignarlo más productivamente. La situación es diferente cuando un recurso está en el nivel improductivo 4, pudiendo estar en el 3: la oportunidad existe y no se aprovecha.

Supongamos ahora que no hay desigualdad, y que movemos ese automóvil de una familia a otra. Con ese movimiento:

a) La inversión global sigue siendo la misma.

b) Pero la producción global desciende.

Es decir: la desigualdad de equipamiento produce menos que la igualdad.

4. Ilustración

En *El progreso improductivo* (pp. 307-313), recogí estadísticas confirmatorias de que aumentar el equipamiento aumenta la productividad del trabajo pero disminuye la del capital. Lo cual está implícito en la función Cobb-Douglas, despejando la productividad del trabajo (Q/L) y la del capital (Q/K) en función del equipamiento (K/L):

$$\frac{Q}{L} = A\left(\frac{K}{L}\right)^a \qquad\qquad \frac{Q}{K} = A\left(\frac{K}{L}\right)^{a-1}$$

En esas páginas, ilustré gráficamente la paradoja.

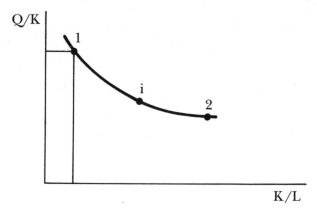

91

Sobre la curva (que es una gráfica de la segunda ecuación), el punto 1 representa la situación atrasada, 2 la adelantada, i la intermedia. El área del rectángulo representa la productividad del trabajo (multiplicando base por altura):

$$\frac{K}{L}\left(\frac{Q}{K}\right) = \left(\frac{Q}{L}\right)$$

A medida que un punto sobre la curva se mueve de 1 a 2, subtiende rectángulos cada vez mayores. Es decir: al aumentar el equipamiento (K/L), disminuye su productividad (Q/K), pero aumenta la del trabajo (Q/L).

Esto puede suceder en operaciones de cualquier tamaño: desde una microempresa hasta una burocracia. La función Cobb-Douglas no dice que lo pequeño es mejor. Pero las estadísticas que modela sí lo dicen, cuando se desagregan por tamaño de la empresa y se efectúan las operaciones necesarias para observarlo, como en las tablas 32 a 39 de las páginas mencionadas.

Según el censo industrial de 1975, los talleres de menos de seis personas (2.7 en promedio) estaban equipados con 29,000 pesos (de 1975) por persona. En el otro extremo estaban las empresas industriales de más de 750 personas (1,460 en promedio), equipadas con 240,000 por persona. Sin embargo, cada peso invertido en las grandes empresas producía menos de la mitad: 0.63 pesos de valor agregado por peso de activo total, frente a 1.34 de las pequeñas.

	Menos de 6	*Más de 750*
Personal promedio (L)	2.7	1,460
Activos totales por persona (K/L), $ 000	29	240
Valor agregado por persona (Q/L), $ 000	39	150
Remuneración por persona, $ 000	15	69

En proporción a los activos totales

Remuneraciones	0.52	0.29
Empleos por millón de pesos (de 1975)	34.4	4.2
Productividad del capital (Q/K)	1.34	0.63

En 1975, el salario mínimo promedio andaba por los 20,000 anuales, o sea que equipar a una persona para producir en una microempresa costaba año y medio de salario mínimo, contra doce en las grandes: ocho veces menos; lo cual permitía ocupar ocho veces más personas con la misma inversión. Pero, además, la misma inversión producía más del doble en las empresas pequeñas. En las grandes, la productividad de las personas ocho veces más equipadas era mayor, pero no ocho veces más sino cuatro (150/39); lo cual de cualquier manera permitía pagar sueldos y salarios cuatro veces mayores (69/15). Las microempresas (incluyendo el trabajo de los dueños) no pagaban en promedio ni el salario mínimo (75% = 15/20). Las grandes empresas (incluyendo a los ejecutivos) pagaban en promedio 3.5 veces el salario mínimo.

Cuando se produce absorbiendo mucho capital y poco trabajo, se puede pagar mejor el trabajo. Por la misma razón, se requieren crédito baratos. Cuando se produce con mucho trabajo y poco capital, se pueden aguantar los créditos agiotistas, pero no los salarios altos. El pago al factor capital (valor agregado menos remuneraciones) es mayor en las microempresas: con respecto al valor agregado (62% frente a 54%) y con respecto a la inversión (83% frente a 34%). Por eso, aunque el lugar común afirma lo contrario, son las grandes empresas y gobiernos quienes se tambalean cuando suben las tasas de interés. Las microempresas lo resisten mejor, porque necesitan ocho veces menos recursos y porque son más eficientes al usarlos.

Entre las empresas de menos de seis personas y las de más de 750, el censo da diez estratos intermedios, en los cuales puede verse que las características señaladas se cumplen y evolucionan gradualmente. Para simplificar, se puede caracterizar la evolución de la siguiente manera:

	Atraso	Adelanto
Equipamiento (K/L)	Poco	Mucho
Productividad laboral (Q/L)	Baja	Alta
Salarios pagados	Bajos	Altos
Creación de empleos	Muchos	Pocos
Productividad del capital (Q/K)	Alta	Baja
Intereses pagados	Altos	Bajos
Volumen de crédito necesario	Bajo	Alto

El desnivel indica una oportunidad de inversión. Si el mercado fuera perfecto, el capital se movería de donde produce menos adonde produce más, hasta llegar al equilibro, eliminar el desnivel y hacer máximo el producto, en las condiciones señaladas por el teorema: la igualdad de equipamiento. No sucede así, porque el mercado no es perfecto. Porque el movimiento de capital no puede ser puramente financiero: tiene que encarnar en una oferta de bienes de capital baratos, que suele ser deficiente. Porque los mitos del progreso impiden el progreso, al suponer que siempre es mejor lo grande, lo costoso, lo aparatoso, lo intensivo de capital, lo que se acaba de inventar, lo que usan los que van más avanzados en progreso improductivo. También, naturalmente, por razones políticas y sociales.

Una razón que hay que excluir son los intereses económicos. El desperdicio no le conviene a nadie. Ni siquiera a los interesados en mantener sus privilegios. Volvamos al ejemplo de la cooperativa. Supongamos que los de dentro no quieran renunciar a la producción adicional que les da el equipo adicional. Como ese equipo produce menos operado por ellos que por los de fuera, es obvio que el egoísmo inteligente consistiría en equipar a los de fuera, a cambio de recibir una parte de la producción. Por ejemplo: los de dentro recibirían, sin trabajar, la misma producción que el equipo adicional hubiera producido dentro; y todo lo demás (que dentro hubiera sido producción perdida) sería para los de fuera.

5. Soluciones

El progreso improductivo del primer tipo (la innovación que reduce, en vez de aumentar, la productividad del capital Q/K) tiene soluciones tecnológicas: materiales ligeros, más baratos, en menor cantidad; equipos miniaturizados, que consuman menos energía y recursos naturales, que abusen menos de la naturaleza, que duren más, que no se descompongan, que puedan ser operados y reparados sin necesidad de expertos; educación más breve, hospitalización más breve; inventarios menores; innovaciones ahorradoras de trabajo y capital, no sólo de trabajo. En resumen: soluciones para producir lo mismo o más con menos equipamiento.

El progreso improductivo del segundo tipo (el rendimiento decreciente Q/K por acumulación de recursos K/L) tiene dos soluciones: o renunciar a ciertos grados de equipamiento o reducir la población.

El progreso improductivo del tercer tipo (el costo social de que haya equipamiento desigual) tiene una solución: el nivelamiento. Esto no puede consistir en repartir títulos de propiedad de un elefante blanco, que seguiría siendo improductivo. Tampoco en repartir físicamente el elefante, lo cual puede ser imposible o poco práctico.

Repartir la tierra ha aumentado su productividad en muchos casos. Lo mismo pudiera suceder con algunos latifundios académicos: muchos centros o institutos producirían más separadamente que integrados a la misma administración. Pero no hay forma de repartir una planta nuclear. Y, en muchos casos, las inversiones ya están hechas: desmantelar, desmembrar, repartir, no son opciones prácticas.

A partir de una situación dada históricamente, no es fácil refundir todos los acervos de capital en una solución de equipamiento igualitario. No es posible fundir un analfabeto con un doctorado para obtener dos preparatorianos. Lo que es posible es concentrar las nuevas inversiones en el sector menos equipado: aumentar la productividad desde abajo.

Hay que empezar por que todos tengan bicicletas, serruchos, martillos, máquinas de coser y tejer, molinos de nixtamal, bibliotecas municipales con libros prácticos para producir, apiarios, obras microscópicas de infraestructura (hidráulica, sanitaria, de comunicaciones y transportes), semillas y aperos para hortalizas de jardín, calculadoras y relojes baratos, fabriquitas de hielo, enseñanza de oficios, equipo para oficios, arrendadoras de equipo grande (de uso ocasional) para oficios, créditos para el autoempleo. Una vez agotadas las oportunidades de aumentar la productividad con inversiones de unos cuantos meses de salario mínimo por persona (una vez que todos estén equipados cuando menos con eso), se invertiría en oportunidades algo menos productivas (digamos, aumentando el equipamiento a uno o dos años de salario mínimo por persona); y así sucesivamente.

Esta nivelación sería negocio, porque lo mismo produciría más: haría cuajar oportunidades del mercado de capitales, del mercado de bienes de capital y del mercado de los productos producidos con esos bienes. Lo cual no puede suceder automáticamente (si así fuera, toda oportunidad ya estaría realizada). Se requieren iniciativas que organicen nuevos mercados de comercio intersectorial. Por ejemplo, con la siguiente redistribución de actividades:

a) El sector avanzado deja de producir lo que el atrasado puede hacer con inversión mucho menor, digamos: ropa, troquelados, piezas pequeñas de plástico o madera. Es importante que el producto se preste para el caso: tenga mercado, no tenga especiales problemas de calidad, pueda viajar sin echarse a perder. Para comparar las inversiones, no hay que olvidar las indirectas. Las construcciones (industriales, de infraestructura y vivienda) por persona ocupada pueden ser varias veces mayores que la inversión directa en una máquina de la industria ligera. Por lo cual, hasta esa misma máquina (no una más pequeña o más barata) puede ser más productiva en otra localidad, donde el resto de la inversión sea menor.

b) El sector atrasado paga con producción la compra de los medios de producción. Para lo cual no es necesario que un fabricante de máquinas de coser dé crédito pagadero con ropa. Aunque puede haber casos en los cuales tal combinación sea práctica, lo importante es la balanza intersectorial: que haya quienes ofrezcan máquinas, quienes las financien, quienes compren la producción, hasta cerrar el circuito. De hecho, es más sano que los participantes comerciales se multipliquen, para no depender de un solo proveedor-comprador. Desde este punto de vista, también es mejor que las máquinas, los créditos, las bibliotecas prácticas, la enseñanza de oficios, se orienten a productos no sólo "exportables" sino con mercado local. Pero la "exportación" es esencial. Sin intercambio intersectorial, no cierra el circuito comercial, no se pagan los medios de producción y se interrumpe la nivelación, con los problemas ya conocidos en el desarrollo rural (la deuda eterna) e internacional (deuda externa).

El desnivel de equipamiento le cuesta a la sociedad un desperdicio de trabajo y capital: de trabajo poco productivo en el sector atrasado, de capital poco productivo en el adelantado. Desaprovecha la oportunidad de mejorar la productividad global del capital y del trabajo, con movimientos comerciales de equilibrio intersectorial.

Desgraciadamente, las limitaciones de la cultura del progreso favorecen otro tipo de "solución": los movimientos de equilibrio en el mercado del trabajo. En vez de mover capital sobrante adonde puede ganar más, mover trabajo sobrante adonde puede ganar más. Cosa nada fácil, porque poner en marcha un empleo bien pagado (y hasta mal pagado) en el sector avanzado cuesta mucho. La "solución" conduce a un "equilibrio" que es en realidad un bloqueo: el sector atrasado trata de expulsar trabajo que el sector adelantado ya no puede absorber. Menos aún si el sector adelantado, para "progresar", compra en el exterior bienes de capital no pagaderos con exportaciones. La creación artificial de empleos incosteables, subsidiados con créditos externos, no resuelve nada: aumenta la desigualdad de equipamiento hasta que ya no puede continuar.

La nivelación no puede ser por arriba, a través de la creación de empleos en el sector avanzado. En la ciudad de México, hasta barrer con una escoba requiere una inversión extraordinaria: todo el capital necesario para que el barrendero tome un vaso de agua (traída desde lejos), tome el Metro (porque vive lejos), tome sus alimentos (también traídos de lejos). Lo viable es nivelar de abajo para arriba, a través del equipamiento del sector atrasado.

Un millón de pesos movido del sector burocrático a la pequeña producción produce el doble y crea ocho veces más empleos. Hay en esto margen suficiente para que ambas partes se beneficien. Pero las burocracias (públicas, privadas, sindicales) creen que es un progreso concentrar improductivamente los recursos, en vez de dispersarlos.

Un sexenio improductivo

El Banco de México celebró en 1988 que, por primera vez en muchos sexenios, el de Miguel de la Madrid había logrado exportaciones superiores a las importaciones. Como la verdad es sexenal, cambió de opinión en 1989: declaró que su anterior "entusiasmo por los superávit" debería acotarse, porque era celebrar "que México transfiriera una parte significativa de sus ahorros al exterior".

La nueva verdad sexenal era que, por el contrario, lo bueno era traer recursos del exterior. Esto implicaba un déficit comercial, pero no se habló del problema hasta que se volvió alarmante, y entonces se dijo que no era un problema sino algo positivo: un déficit mayúsculo implica transferencias mayúsculas de ahorro externo a México. No hay que hablar del déficit comercial, sino del superávit de confianza externa ganada: importar a crédito es como exportar promesas, confianza. No hay que hablar del déficit comercial, sino del extraordinario beneficio que traen los préstamos, las inversiones, las importaciones de maquinaria y tecnología: aumentan la producción, el empleo, la productividad.

Las entradas de capital superaron todas las expectativas, y causaron asombro mundial. Por eso, también debería asom-

100

brar lo poco que sirvieron para aumentar la producción y el empleo.

En el sexenio, la población creció 12%, pero el empleo formal no creció más que la tercera parte: 4%. El producto interno bruto que, según el Plan Nacional de Desarrollo 1989-1994, iba a crecer como el 30%, no creció más que el 18%. Lo que se logró fue que aumentara la productividad de los ocupados, pero ocupando a pocos y a costa de reducir la productividad del capital. La inversión fija bruta anual aumentó 54%, pero no logró aumentar el producto anual más que la tercera parte (18%) y el empleo menos: ni la décima parte (4%). Se sacrificaron muchas cosas para que aumentara la inversión, y aumentó, pero no produjo lo que se esperaba.

La deuda externa total aumentó 38%. Sí: la deuda que nos estrangulaba cuando era de 102 mil millones de dólares, la deuda cuya superación celebró el presidente de la república tocando el himno nacional, rebasó todas las marcas históricas. Aumentó más que la población: de 1,300 a 1,600 dólares por mexicano (unos 8,000 dólares por familia). Diez veces más que el empleo (38% contra 4%). El doble que el producto (38% contra 18%), aunque las cifras oficiales se presentan de una manera más bonita. Como el peso estaba sobrevaluado, el PIB nominal en dólares creció maravillosamente 123%, aunque el aumento real fue de 18%. Así, parece que la deuda ha crecido menos (38%) que el PIB en dólares (123%), si uno quiere hacer cuentas alegres.

Lo más notable es que, aumentar la deuda 39 mil millones de dólares, apenas logró un aumento de un millón de empleos ¡en seis años! A ese ritmo, ¿cómo se va a alcanzar la meta de crear un millón de empleos por año? En los próximos seis, llegaríamos a deber 39x6+141= 375 mil millones de dólares, imposibles de conseguir, ya no digamos de pagar.

Según los analistas internacionales, la cresta de la ola transferidora de capital de los países ricos, que en los últimos años tuvo un crecimiento espectacular, estaba a punto de romperse. Y se rompió precisamente en México, beneficiado de una oportunidad difícilmente repetible. Pero lo más grave de todo es que el beneficio resultó dudoso. Una transferencia excepcional de recursos produjo poquísimo.

¿Cómo explicarlo? Porque la transferencia fue también de contexto mental. Se invirtió "al estilo americano", y así funcionan las inversiones "al estilo americano": con grandes dosis de capital y poca gente. En los países donde sobra capital, se acepta que el capital produzca menos, y se equipa lujosamente a una población muy escolarizada que se reproduce poco. En los países ricos, no es ninguna exageración endeudarse por 390,000 dólares para crear diez empleos (que es el equivalente a endeudarse por 39 mil millones de dólares para crear un millón de empleos). Basta comparar la inversión necesaria para montar un McDonald's "al estilo americano", frente a una taquería al estilo mexicano.

Todas las personas de todos los países tienen el mismo tiempo disponible (24 horas diarias), pero muy distintos recursos. A medida que se tienen más recursos, el tiempo vale más y los recursos menos, relativamente: se justifica cierto despilfarro de recursos para aprovechar mejor el tiempo, se justifica aumentar la producción por hora, a costa de bajarla en proporción a los recursos. Por eso, la concentración social de los recursos en una minoría bien equipada tiene un doble efecto improductivo: produce menos en proporción a los recursos y deja sin producir a mucha gente.

Así falló la lógica sexenal que decía: hay que crear

empleos, para lo cual hay que crecer, para lo cual hacen falta inversiones, para lo cual hay que traer ahorro externo (el interno es insuficiente), para lo cual hay que conceder esto y aquello a los grandes capitales. La falla estuvo en ignorar la calidad de las inversiones, no menos importante que la cantidad. Dar toda clase de facilidades a los grandes capitales y desatar la jauría fiscal contra las pequeñas empresas fue congruente con esa lógi-

Mucha inversión y pocos resultados

	1988	1994	
Población	78	88	+12%
Empleo formal	22	23	+ 4%
Producto interno bruto	4,884	5,786	+18%
Inversión fija bruta	821	1,267	+54%
Deuda externa total	102	141	+38%
Inversión extranjera	3	18	+528%
Importaciones	37	80	+119%
Balanza en cuenta corriente	-3	-24	+737%

Nota: Las cifras de población y empleo, en millones; las del PIB e inversión anuales, en millones de nuevos pesos, a precios de 1980; las demás, en miles de millones de dólares. Las dos primeras columnas se toman de CIE-MEX-WEFA, *Perspectivas económicas de México*, octubre de 1994, de los cuadros 1, 3, 11, 17, 20 y 22 de las cifras históricas para 1988 y de su proyección básica para 1994. Se presentan redondeadas, pero los porcentajes de la tercera columna se calculan antes del redondeo.

ca, y logró aumentar la cantidad de inversiones, pero no su productividad social, mayor en las pequeñas que en las apantallantes.

Los resultados (anteriores a la devaluación) muestran la calidad de las inversiones sexenales: mucha especulación, poco crecimiento y todavía menos empleo.

IMPUESTOS Y DESIGUALDAD

RECAUDACIONES CONTRAPRODUCENTES

La tasa máxima del impuesto sobre la renta ha venido bajando. Las grandes empresas, sobre todo internacionales, han presionado para que se iguale con las de otros países. Han hecho sentir que no invierten porque la burocracia mexicana está fuera de precio: da servicios del tercer mundo (ineficientes, arbitrarios, corruptos) pero cobra más que si fueran del primero.

Estas presiones le sirven al país, si obligan a reducir el gasto público improductivo. Desgraciadamente, indujeron una alternativa ilusoria: la llamada "ampliación de la base de los contribuyentes".

Se supone que hay millones de microempresarios que no pagan impuestos. Que el fisco puede recuperar lo que rebaja a los grandes, apretando a los pequeños. Como los grandes son pocos y los pequeños muchos, basta con sacarles un dólar a los que no pagan para concederles rebajas de millones de dólares a los que pagan demasiado. Así, los grandes capitales vendrían del extranjero a producir, lo microempresarios mexicanos saldrían de la economía subterránea y el país entero se modernizaría, tanto arriba como abajo.

Hay dos errores en este razonamiento. En primer lugar,

es falso que se pueda aumentar el número de los contribuyentes. Prácticamente, no hay mexicanos que no paguen impuestos. ¿Dónde están los mexicanos que no tomen cerveza (la cual causa un impuesto de 21.5%) o tequila (60%); que no fumen cigarros populares (20.9%) o mejores (85%); que no gasten gasolina (hasta 134.6%), ni paguen el IVA en lo que compran? El fisco recauda a través de mil actos de los contribuyentes, no sólo su declaración anual. Esto, por lo que hace a los impuestos oficiales. Por lo que hace a los impuestos implícitos, ¿dónde están los mexicanos que no tengan que llenar papeles, conseguir documentos, pagar gestores, contadores, abogados, notarios, hacer viajes, hacer colas, dar vueltas? Y por lo que hace a los impuestos subterráneos, ¿dónde están los mexicanos que no paguen alguna cuota de extorsión a las autoridades, desde la elemental mordida (que es un impuesto en efectivo) hasta el vejamen, el despojo, la violación, el asesinato (que son impuestos, aprovechamientos y derechos en especie)?

El segundo error consiste en ignorar el costo de la recaudación. La declaración anual es muy costosa para recaudaciones ínfimas. Si, para que el fisco saque un dólar, se corren los mismos trámites que para un millón, al país le cuesta un millón de veces más fiscalizar a un microempresario que a una trasnacional, en proporción a lo que recauda.

Se han hecho estudios de cuánto cuesta procesar un cheque, independientemente de la cantidad que se pague. Pero no hay estudios de cuánto le cuesta al país una declaración anual del impuesto sobre la renta, con todo lo que implica a lo largo del año para el contribuyente, sus retenedores, el fisco, independientemente de la cantidad que se pague. Si el costo es de mil dólares, se justifica para recaudar un millón: no para recaudar un dólar, ni siquiera para mil.

Una cosa es que millones de mexicanos no hagan todo el papeleo que culmina en las declaraciones anuales y otra es que no paguen impuestos. Hay muchas formas de pagar impuestos, unas más sencillas y baratas que otras. Antes de oprimir a los microempresarios con cargas administrativas absurdas, como las que impuso la miscelánea fiscal, los legisladores deberían exigir estimaciones del costo social de recaudar para distintos tipos de recaudación, así como estimaciones de la recaudación esperada, para contribuyentes de distintos tamaños. Descubrirían que muchas formas de recaudar no le convienen al país. Que, al legislar, dejaron caer sobre millones de mexicanos una opresión improductiva, con inconsciencia imperdonable.

Hace un cuarto de siglo se cometió un error parecido. Se "amplió la base de contribuyentes" de un millón a siete millones (si mal no recuerdo) y se consideró un gran avance modernizador. Pero, ¿dónde habían estado tantos millones de evasores? Pagando impuestos, naturalmente. Se les hacían descuentos a través de sus retenedores, aunque no figuraban en un registro central. Desgraciadamente, se confunde modernizar con centralizar y burocratizar, por lo cual los contribuyentes anónimos fueron obligados a registrarse. Recibieron y llenaron millones de formas. Se integraron millones de expedientes. Se expidieron millones de micas con su nombre y número de registro. Se contrataron miles de personas y enormes computadoras para tanto trabajo. Pero la recaudación no aumentó siete veces, naturalmente: ni siquiera lo suficiente para el gasto adicional. En realidad, no había aumentado el número de contribuyentes: únicamente el centralismo y la burocracia.

La otra Ley de Herodes

Se dicen muchas cosas contra la Secretaría de Hacienda, pero ninguna más demoledora que las declaraciones del subsecretario de Ingresos, en la rueda de prensa del 25 de marzo de 1992, sobre las enésimas modificaciones fiscales. Dijo (como si fuera a su favor) que el 98% del impuesto sobre la renta de las empresas sale de las 10,000 mayores. Igual pudo haber dicho: la ampliación de la base de contribuyentes sirvió para fregar a los microempresarios, no para sacarles algo que valiera la pena.

Lo dijo para explicar una concesión a las empresas menores (con ingresos de hasta dos mil millones de pesos en 1991): volver a pagar trimestralmente, como antes. Desde mediados de 1986, cuando se estableció el pago mensual, "están planteando las dificultades que eso les provoca, y desde entonces se ha estado viendo el problema, y no se había atendido [...] esas empresas aportan menos del 2% de la recaudación; entonces, ¿qué representaba para el gobierno no cobrar trimestralmente sino mensualmente? [...] una cifra que verdaderamente no pinta; ni siquiera la hemos calculado, porque es casi casi de las decimales de la recaudación". Y para conceder algo que no les cuesta, se tardaron seis años, aunque ahora lo anuncian como "un enorme alivio administrativo y financiero a la pequeña y mediana empresa".

110

Ese 2% de la recaudación representa como el 0.05% del PIB, que es nada para las finanzas públicas (compárese con el superávit previsto de 3.1% del PIB en 1992). Peor aún: recaudar tan poco cuesta más que lo recaudado. Así como el trabajo necesario para escribir un cheque, entregarlo, revisarlo, registrar y auditar los asientos contables que genera, son los mismos, independientemente de que el cheque sea de un peso, de un millón o de mil millones, los costos de recaudar son independientes de la cantidad recaudada. Correr todos los trámites para cobrar un cheque de a peso es el peor negocio del mundo: sale más barato no cobrarlo. En *El progreso improductivo* (pp. 329 y 330), hice estimaciones sobre la productividad negativa de cobrar impuestos a las empresas menores, bajo el supuesto de que los costos de la recaudación fueran del 1% para Hacienda y de cuatro veces más para los contribuyentes (5% en total). El subsecretario, en una ponencia presentada el 7 de enero de 1992, ante el Instituto Mexicano de Ejecutivos de Finanzas, estimó que en los Estados Unidos las horas del contribuyente para cumplir con sus obligaciones fiscales representaron un costo equivalente al 16% de la recaudación en 1985. No presentó estimaciones de ese costo en México.

Según la versión de la rueda de prensa que publica *La Jornada* (26 de marzo de 1992, p. 36), la distribución de la recaudación en billones de pesos, excluyendo a Pemex, sería:

Empresas		*Recaudación*	
10,000	1%	17.395	98%
1'287,000	99%	0.355	2%
1'297,000	100%	17.750	100%

Bajo la hipótesis conservadora del 5%, el papeleo recaudatorio cuesta 684,000 por empresa (5% de 17.75 billones entre 1'297,000 empresas), que parece bajo (son 57,000 mensuales) y resulta nada para las 10,000 empresas que pagan 1,740 millones en promedio cada una (17.395 billones entre 10,000). Pero resulta el peor negocio del mundo en el resto de los casos, donde recaudar un peso cuesta dos y medio: el fisco obtiene 276,000 por empresa (355,000 millones entre 1'287,000 empresas) a un costo de 684,000 por empresa.

Con razón, dijo el subsecretario: "Hay una concentración muy grande de la recaudación. Alrededor de 10,000 empresas pagan el 98% de la recaudación. Eso ¿qué quiere decir? Suponiendo que haya mucha evasión en las otras, que representan el 2% de la recaudación, lo que aumentaría la recaudación en caso de que hubiera un cumplimiento amplio o perfecto por parte de esos pequeños contribuyentes no es tanto" [...]

Lo que no dijo es cómo se justifica, entonces, la persecución terrorista a las pequeñas y medianas empresas. Qué gana el país con destruir el tiempo productivo en papeleos improductivos. Cuál es la ventaja de que el pequeño comercio, en vez de invertir en mercancía o equipo productivo, desperdicie recursos en máquinas de comprobación fiscal.

Hace dos mil años, un carpintero de la economía subterránea tuvo que dejar de producir para peregrinar a una ventanilla en otra ciudad, cargando con su mujer embarazada (que acabó dando a luz en un establo de Belén), porque Herodes decidió ampliar la base de los contribuyentes. Pero ¿qué tanto le sacaron? Nada. La satisfacción de imponer la otra Ley de Herodes: no hay que fregar a diez mil, hay que fregar a millones.

EL PEOR SOCIO DEL MUNDO

Se dice que los mexicanos no sabemos ser socios. Es verdad, pero se explica por razones prácticas.

Tener socios aumenta el costo de operar: hay que ponerse de acuerdo en los propósitos y en los métodos, coordinar los actos, repartirse tareas y resultados, dar cuentas claras de cómo estuvieron las cosas y por qué, vigilar que nadie se haga el desentendido a la hora de poner, ni se sirva con la cuchara grande a la hora de sacar.

Todas estas complicaciones cuestan, y el costo puede ser razonable o desproporcionado para lo que se gana por tener socios. Si operar conjuntamente sirve para que cada socio gane más que trabajando solo, el sobrecosto se compensa. Pero la presencia de otros puede servir para aumentar los costos, complicarse la vida unos a otros y perder libertad de acción sin nada que lo justifique.

Las operaciones en pequeño, que son las más comunes en México, rara vez dan para tener socios. Son negocio (cuando son negocio) para uno. Si hay más de uno, todo se complica, sin que el negocio aumente. Con relativa facilidad, lo que era buen negocio para uno se vuelve mal negocio para varios. Por eso, hay poca experiencia de trabajar con socios, y peor aún: malas experiencias. Los socios acaban con frecuencia de pleito. En parte, porque siguen actuando como si no tuvieran socios (que es como saben trabajar). Pero, ante todo, porque el negocio no da para tantos.

Pasar de una administración personal a una impersonal tiene costos inmensos y beneficios dudosos, cuando se opera en pequeño. Hay muchos casos de buenos negocios que se arruinan cuando son integrados a un elefante modernizador (una empresa extranjera, un grupo industrial, un banco de fomento o cualquier otra burocracia progresista y civilizadora):

— Hay oportunidades que lo son cuando se toman en el acto, y que se esfuman cuando hay que esperar la aprobación de un comité que no se va a reunir hasta el mes que entra y que no decide sin la presentación de un estudio respetable.

— Hay controles detallistas que cuentan más de lo que se pierde por falta de control, pero que resultan necesarios para que amarren las cuentas consolidadas y los procedimientos de auditoría.

— En la administración impersonal, hay responsabilidad personal, pero no tanta. Siempre hay buenas razones de los altos ejecutivos para explicar el fracaso de una filial, que en el peor de los casos les costará prestigio y ascensos, pero no patrimonio personal. Los negocios intervenidos para mejorarlos pueden arruinarse porque se vuelven responsabilidad de muchos y de nadie.

Fue más inteligente el mundo premoderno cuando inventó formas de asociarse sin diluir responsabilidades, ni intervenir de modo detallista, paralizante y costoso. Tú maneja el negocio a tu manera, como si fuera tuyo; y no me enseñes cuentas, porque nos vamos a pelear. Yo sé lo que deja, porque tengo uno igual. Así que me das tanto a la semana, y no hay con-

114

troles ni pleitos. Durante siglos, este sistema (que se llamó arrendamiento y que se parece a lo que hoy se llama franquicia) se usó hasta para cobrar impuestos.

Recaudar los impuestos de una zona era un negocio que se arrendaba (o "franquiciaba") a un concesionario autorizado, como hoy se entregan estacionamientos, taxis, peluquerías, puestos en la calle: tú operas el negocio a tu manera, yo pago las mordidas necesarias para que te dejen trabajar y me das tanto. Naturalmente, y con el mismo sistema, hubo también (y sigue habiendo) socios que se metían como socios a la fuerza: socios vampiros (agiotistas, camorristas, mafiosos) que ofrecían protección, exclusividades, créditos, contrabando, a cambio de una sangría.

Se dice que el gobierno mexicano ya aprendió a ser buen socio de las grandes empresas nacionales y trasnacionales: dejándolas actuar, desregulando, desinterviniendo. Pero hizo lo contrario con las pequeñas empresas, de las cuales se ha vuelto el peor socio del mundo. Es un socio chinche que irrita y quita el sueño con su capacidad de enchinchar. Es un socio vampiro que ofrece proteger de los requisitos chinches a cambio de mordidas igualmente sangrientas. Y es un socio elefante que aplasta con las mejores intenciones de modernizar.

CARTA A UN LECTOR DUDOSO
DE QUE LOS IMPUESTOS
AUMENTEN LA DESIGUALDAD

Hasta hace algunos años, yo creía que los impuestos servían para atenuar la desigualdad. Esta creencia censuraba el paso por mi cabeza de un hecho fundamental: los impuestos y la desigualdad han aumentado al mismo tiempo. Ya sé que la coincidencia no implica causalidad, que hay que tener además (cosa que entonces no tenía) algunas hipótesis para explicar la conexión. Pero hay que empezar por ver la coincidencia, cosa dificilísima, si hay una "disonancia cognitiva" entre mis creencias y los hechos: o tengo que poner en duda mis creencias o tengo que ser ciego a los hechos.

    La primera vez que vi la coincidencia, medio de reojo, iba a dejarla pasar, porque me parecía demasiado, casi increíble. No sé cómo me atreví a verla de frente y me quedé sorprendido. Cuando se la comenté a unos amigos, tampoco querían verla: les parecía chistosa, pero no digna de estudio. No podían verla de frente mucho tiempo. Cambiaban de conversación o se defendían con lo primero que se les ocurría: que la concomitancia no implica causalidad; que si así estamos como estamos cómo estaríamos de otra manera; que quizá no habían aumentado tanto los impuestos o la desigualdad; que la recaudación misma era regresiva; que había evasión, etcétera. Antes de pasar al análisis había una resistencia a los hechos. Cuando escribí sobre esto, sin publicar números, hubo quien creyera que no podía ser cierto, aunque los hechos (desconectadamente) eran aceptados, y los números relativamente fáciles de obtener. Ahora que presento los números, en la tabla 55 de *El progreso improductivo*, todavía parece difícil verlos, salta usted a la objeción sin empezar por reconocer, cuando menos, que nunca tal cosa se había publicado y que parece digna de estudio. Una muestra pequeña, que usted me perdonará. Su carta dice: "Vale la pena apuntar que desde 1968 no se han vuelto a obtener estadísticas de igual cobertura sobre la distribución del ingreso, si bien el CENIET realizó encuestas en 1975 que publicará en breve". Hasta tal punto pasó usted de prisa sobre mi tabla 55, que no leyó que esa encuesta ya fue publicada; que la cito, y que de ahí tomé el coeficiente de Gini para 1975 que puse ante sus ojos.

Otra cosa que muestra que salta usted a las objeciones antes de atender a los hechos, es que no se pronuncie sobre esa tabla. Sus citas de Wilkie parecen negar la simple concomitancia. Pero si usted realmente cree que los impuestos o la desigualdad no aumentaron de 1950 a 1975, cree usted una cosa tan enorme que me extraña que no la diga. Y si usted acepta la concomitancia como un hecho real pero transitorio, como parece hacerlo al citar a Kuznetz, ¿cómo concilia esa aceptación con su tabla de Wilkie? O cree usted o no cree que la desigualdad ha venido aumentando.

Lo que pasa, naturalmente, es que usted se resiste a ver los hechos, como yo me resistí. Lo que pasa, también, es que no basta con que yo supere mis censuras previas: tengo que encontrar cómo decir las cosas para que usted vea lo que digo. Cosa nada fácil, porque la retórica aceptable en el sector moderno se presta para decir aquello para lo cual fue hecha: que una parte (la buena) del sector moderno debe encabezar el progreso. Asumir esta retórica, por definición, implica apoyar a una parte (la nuestra, también por definición: yo me vuelvo parte de la parte que apoyo). ¿Cómo hacer a través de esta retórica un enjuiciamiento de todo el sector moderno frente a la situación de los pobres? Desde la retórica convencional, no podrá ser visto sino como el apoyo a una parte.

Con respecto a los mexicanos más pobres, no hay tanta diferencia entre los buenos y los malos: estamos todos en la tercera parte superior de la población. Si A prospera explotando a los pobres y B prospera atendiéndolos o abogando por ellos; y tanto A como B tenemos automóvil, estudios universitarios, viajes; y tanto los pobres de A como los de B siguen pobres; y aumenta la diferencia entre AB y los pobres, mientras disminuye la diferencia entre A y B, no creo que cualquier acción o preocupación por los pobres deba subordinarse al interés político de apoyar al admirable B frente al odioso A. Si lo único aceptable es la crítica intramoderna entre buenos y malos, y, por eso mismo, la autocrítica de la modernidad se presta a ser leída como crítica a los buenos, favorable a los malos, ¿hay que renunciar a esa autocrítica?

Mis ideas hechas y mis intereses me ayudaron por mucho tiempo a no ver algo que hoy me parece fundamental: los universitarios no somos la salvación de este país, somos uno de sus mayores problemas. Yo no me imaginaba que iba a llegar a esto, cuando me permití (no sé cómo) atender ciertas dudas que me pasaron por la cabeza, a pesar de todas mis censuras previas. Yo aspiraba inocentemente a ser un buen universitario, aunque no dejaba de asombrarme cuánto me convenía ser de los buenos. Pero una cosa es que uno llegue a ver qué buen negocio son las aspiraciones progresistas para el sector moderno, y en particular para nosotros los universitarios, y otra es hacerlo a contrapelo de la retórica dominante, hecha para decir qué admirables somos y cómo, por el bien de la humanidad, debemos imponer nuestra dominación y privilegios, en lucha victoriosa contra el odioso A. En esos términos, no se puede enjuiciar a todo el sector moderno. Hay que pasar a una nueva retórica en formación, que es la autocrítica de la modernidad, cuyo origen historiográfico parece ser la literatura romántica y la literatura antropológica, y cuyos rasgos ya pueden advertirse en muchas disciplinas, y hasta en movimientos como el ecológico.

Las dificultades para entender el movimiento ecológico en el marco de la crítica intramoderna pueden ser ilustrativas. La voluntad moderna de progreso (que no es lo mismo que el progreso), aparece en el siglo XVI como crítica. Pero cuando aparece la crítica de la voluntad de progreso en los románticos, en los antropólogos, no es fácil entenderla como un paso adelante de la voluntad de progreso: parece un paso atrás, una crítica literalmente "romántica", en el sentido peyorativo que desde entonces se conserva. Si crítica igual a progreso, crítica del progreso, ¿igual a qué? La ecuación resulta indeterminada, como las operaciones matemáticas que implican dividir por cero: no se pueden efectuar, se llega a toda clase de resultados incompatibles entre sí, hay que replantear el problema, apelar a una retórica más amplia, que no cabe en esos términos. A la luz de una autocrítica de la modernidad, el movimiento ecológico tiene todo el sentido del mundo, y es, naturalmente, progresista, aunque no quepa en la retórica dominante, donde queda sujeto a toda clase de sentidos incompatibles entre sí: en cuanto apoya a los buenos, atropellados por los malos, es progresista; en cuanto busca la conservación, la restauración, el equilibrio, es conservador.

Mis propuestas le parecen pequeñeces ("curitas", como usted dice, en vez de cirugía mayor) frente a lo esencial: que los buenos tomen el poder y desde arriba favorezcan a los de abajo. Pero, ¿son pequeñeces? Parecen serlo, vistas desde arriba, punto de vista inaccesible para la vida cotidiana de los mexicanos más pobres. ¿Porque están enajenados? ¿Por falta de concientización?

Cuando uno escucha o lee testimonios de las personas que han vivido guerras o revoluciones, se asombra de la importancia que puede adquirir un par de zapatos, por ejemplo; hasta siente uno que la Historia les pasó de noche, que no vieron más que lo particular, lo concreto, la pequeñez, el desbarajuste. Cuando uno ha vivido de algún modo la experiencia de la planificación (cuando ha visto en un modelo teórico, un esquema, unos planos, la lógica de un gran conjunto, ya se trate de un plan industrial, de medidas económicas generales, de legislación, de obras urbanas) y luego ha vivido la experiencia cotidiana, fragmentaria y sumergida en pequeñeces, de lo que resulta en la práctica, ya no está tan seguro de que la realidad es lo que vio desde arriba. Si hace calor, y hay polvo y humo y ruido, y estoy sofocado en un camión atrapado en un embotellamiento, tengo una visión muy distinta de las realidades del tránsito, que desde un helicóptero. ¿Es una visión miope, enajenada, poco práctica, que no entiende la realidad y cuya pequeñez debe subordinarse a las realidades panorámicas? ¿Qué clase de realidades son estas realidades panorámicas del tráfico, las guerras, la economía, la legislación, la Historia? ¿Dónde están, si son invisibles desde la experiencia de abajo? En los lugares más extraños del mundo: en conjuntos de palabras o de imágenes que crean puntos de vista inaccesibles para la experiencia cotidiana, y que pueden enriquecerla o sofocarla.

Esto último sucede de dos modos. Quienes tratamos cotidianamente con la realidades panorámicas podemos dejar de ver o entender nuestras otras realidades cotidianas, las que no están en conjuntos de palabras o de imágenes. En este caso, habría que decir que los hipermétropes y enajenados por las realidades panorámicas somos nosotros. Y esto mismo puede sofocar, en vez de enriquecer, la experiencia cotidiana de los otros. De ahí resultan los progresos que se ven preciosos desde arriba (desde el avión, la fachada, la fotografía, el boletín de prensa, el álbum de recortes, la placa de bronce, el modelo teórico, el informe técnico, el viaje turístico, el currículo, la bibliografía, la dirección del centro de investigaciones, del partido, de la empresa, del sindicato, del gobierno) pero que, en vez de enriquecer, aplastan y sofocan la vida cotidiana de los mexicanos más pobres.

Quisiera un país que tuviera tanto sentido visto desde arriba como desde abajo. Pero si el milagro no es posible, si hay puntos de vista que no caben en las panorámicas tradicionales, ¿hay que sacrificar eso que desde arriba nos parecen pequeñeces a las exigencias y limitaciones de nuestras panorámicas, porque son nuestras y son las que tenemos? Lo que he intentado hacer, por el contrario, es construir una panorámica distinta, que nos ayude a los que vivimos sumergidos en las realidades panorámicas, en primer lugar, a no estorbar ni sofocar con nuestra hipermetropía a quienes nos parecen miopes, y muchas veces tienen más sentido de la realidad que nosotros; y, superado esto, a construir un país que tenga sentido visto desde abajo, aunque no luzca desde arriba.

Crear una oferta pertinente para las necesidades de los

121

pobres y repartir dinero en efectivo, no me parecen "curitas". El hecho de que sí sea posible lograr inmensas mejorías para los mexicanos más pobres a un costo relativamente bajo, y que hasta puede pagarse por sí mismo, no hace tales medidas despreciables. Los despreciables seríamos nosotros si, para dárnoslas de revolucionarios, despreciáramos lo que, visto desde abajo, haría una diferencia radical, aunque visto desde arriba parezca poco radical, frente a una gloriosa toma del poder.

Pero supongamos, cosa por demás improbable, que llegue a haber un cambio radical de régimen. Supongamos que los problemas urgentísimos de tomar, consolidar, profundizar y mantener el poder, requieran equis décadas, y que llegue por fin el momento en que yo, si entonces vivo, pueda proponer al nuevo régimen revolucionario lo que, a mi juicio, habría que hacer por los mexicanos más pobres. Entonces propondría crear una oferta pertinente y repartir en efectivo. ¿Qué habrían ganado los mexicanos más pobres con esperar al siglo que entra?

Terminaré con unas precisiones técnicas:

1. El ingreso familiar disponible después de impuestos (en 1984-85) anda por los seis salarios mínimos, en promedio. Supongamos un impuesto puramente redistributivo del 5%, que vaya subiendo un punto cada dos años hasta un tope del 10%. (Otra posibilidad: llegar al 10% suprimiendo burócratas y subsidios al consumo urbano.) Esto quiere decir que las familias que ganen el promedio quedan igual; las que ganen por arriba del promedio reducen su ingreso en una cantidad que va de prácticamente cero hasta un máximo del 10%; y las que ganen por abajo del promedio aumentan sus ingresos en una cantidad que va desde prácticamente cero hasta un máximo de siete meses de salario mínimo al año. Haga usted sus cuentas y verá

que no se trata de curitas. Con esa cantidad se puede crear un autoempleo por familia, al año. Lo cual no sólo redistribuye y reduce la desigualdad: es productivo y se reproduce (se paga solo) con aumentos de productividad. Use usted la misma cantidad para subsidiar el dólar, el automóvil o el empleo de universitarios y entonces sí será una "curita": no le alcanzará para nada. Tampoco se pagará. Como si fuera poco, aumentará la desigualdad.

2. El índice de Wilkie no mide lo mismo que el coeficiente de Gini. Le voy a poner un ejemplo extremo: supongamos una aldea donde todos son pobres y analfabetos pero iguales. Supongamos que usted educa a algunos y les da mayores ingresos. Esto, medido por el índice de Wilkie, mostrará una disminución de la pobreza; pero, medido por el coeficiente de Gini, mostrará una disminución de la igualdad. Lo cual no quiere decir que sea malo mejorar a algunos; quiere decir que mejorar a algunos, por definición, genera desigualdad.

3. Tenga cuidado con esas mediciones del coeficiente de Gini antes y después de los impuestos. Es perfectamente posible que en una parte del sector moderno haya redistribución a través de los impuestos, al mismo tiempo que en la población total haya el efecto contrario. Ejemplo muy sencillo: tomamos la población sindicalizada que gane exactamente el salario mínimo; medimos el coeficiente de Gini de esa población, antes y después del efecto fiscal (no pagan nada, al menos directamente, pero sí reciben) y evidentemente encontramos que hay una redistribución a su favor. Lo cual, naturalmente, sirve para que los sindicalizados con salario mínimo se vuelvan todavía más privilegiados con respecto a las comunidades indígenas más pobres: para que aumente la desigualdad global.

Los sindicatos mexicanos son clase media militante.

Nada más recuerde usted quiénes han sido los protagonistas de las luchas más recientes: los ferrocarrileros, los médicos, los trabajadores universitarios, los controladores del tráfico aéreo, los telefonistas. ¿Diría usted que son los mexicanos más pobres, aquellos que no tienen nada que perder más que sus cadenas? Están por encima de las dos terceras partes de la población. Pero cuando uno tiene anteojeras hechas para no ver más que el sector piramidal, quienes están en la base de las pirámides (es decir: los sindicalizados con salario mínimo) resultan ser los mexicanos que están peor. Para lo cual es necesario censurar previamente las dos terceras partes del país, que están abajo.

Imagínese usted un triángulo del cual las dos terceras partes están sumergidas en el agua. Nosotros vivimos en la parte superior, la parte a flote, la parte donde podemos respirar. Lo cual no quiere decir que ignoremos el resto por completo: aunque se nos olvida, sabemos vagamente que está ahí, y hasta hacemos o sabemos de excursiones de buceo turístico, de investigación, de piratería. Pero sucede que la parte de arriba es también un triángulo que corresponde al sector moderno y se parece al triángulo total de otros países (proveedores de teorías, panorámicas y anteojeras). Así resulta fácil suponer que la punta del iceberg es una buena metáfora del iceberg, y hasta acabar creyendo que el mundo piramidal es todo el mundo, que estar en su base es lo peor, que mejorar a "los de abajo" (que están por encima de la mayoría sumergida) es mejorar a la mayoría. Lo cual no ayuda sino estorba para encontrar soluciones que tengan sentido, vistas, no desde arriba, sino desde el fondo sumergido.

UN ERROR INTERESANTE

Sostener un maestro, un médico, un burócrata, en un país pobre cuesta más (aunque gane menos) que en un país rico. Sin embargo, un distinguido economista piensa lo contrario.

El profesor Ignacy Sachs, economista polaco que profesa en París, estuvo hace años en México, presidiendo un seminario que tuvo mucha resonancia, "Medio ambiente y desarrollo: estrategias para el Tercer Mundo", recogido en la revista *Economía Política* (XI, 3).

Dos observaciones de un lector tardío. La primera, puramente anecdótica, aunque a su modo dice mucho del país en que vivimos. El maestro Horacio Flores de la Peña, entonces secretario de Patrimonio, declaró (p. 158): "quisiera llamar la atención sobre un aspecto del que se abusa mucho: las cifras de investigación científica en relación al producto nacional bruto. Casi todas son muy malas: la de México la inventé yo; es bastante mala y, desde entonces, se ha seguido usando".

La segunda importa más, porque se refiere a un error de consecuencias graves, que luego ha circulado y que, además, resulta interesante. Declaró el maestro Sachs (p. 51): "mientras más pobre es un país más baratos son los servicios sociales, porque la productividad de los servicios sociales depende del país donde son realizados y su costo se reduce prácticamente al costo de los salarios: un maestro en la India vale más o menos un maestro en los Estados Unidos, pero cuesta veinte o treinta veces menos; entonces quizá es una oportunidad de cargar la canasta de producción con más servicios sociales. Llegamos a la paradoja de que un país pobre tiene mejores condiciones para irse a un welfare state que un país rico".

El profesor se equivoca a través de una frase equívoca: "cuesta veinte o treinta veces menos".

1. Si esta frase quiere decir algo que guarde relación con la productividad del país donde son realizados los servicios, no puede ser una de esas comparaciones internacionales, puramente monetarias, que hacen los turistas, convirtiendo los precios o salarios del país que visitan a la moneda de su país, según tal o cual tipo de cambio. Sólo en un caso, por demás rebuscado, la frase sería cierta en términos de precios de intercambio exterior: suponer un maestro norteamericano que gane (en dólares convertidos a rupias) veinte o treinta veces lo que un maestro hindú, tomándose un año sabático en la India y contratando la ayuda a tiempo completo de varios maestros hindúes para un proyecto de investigación. En ese caso especialísimo, sí es cierto que el hindú "cuesta veinte o treinta veces menos", entiéndase bien: para un norteamericano residente en la India, que sin embargo esté ganando como si trabajara en los Estados Unidos. Si trabajara en la India, y ganara con el tabulador hindú, o si se llevara a los hindúes a trabajar y ganar en los Estados Unidos, ya no sería cierto: ganarían lo mismo (suponiendo que no hay discriminación y que son de la misma categoría, como supone Sachs). Por otra parte, el caso rebuscado desvirtúa la comparación, porque los maestros de la India que realmente nos interesan no le cuestan a un maestro norteamericano que esté pasan-

do ahí su año sabático: le cuestan a la gente de la India. En conclusión, carece de sentido hablar de un costo veinte o treinta veces menor a través de simples comparaciones monetarias.

2. Es de suponerse, entonces, que la frase exprese una comparación de precios relativos en el mercado interno de los respectivos países. Pero resulta que en este caso la afirmación es falsa. Un maestro, un médico, un burócrata, cuestan más, no menos, en un país pobre: consumen la producción de más personas (menos productivas que en un país rico).

Supongamos, para simplificar, que la canasta de producción en ambos países se reduzca a dos productos: trigo y enseñanza. Supongamos, también para simplificar, una distribución perfectamente igualitaria. Supongamos, por último, que en ambos países la producción de enseñanza por hombre es igual, el consumo de trigo por hombre es igual y la producción de trigo por hombre es superior al consumo, aunque desigual: treinta veces mayor en el país rico. La riqueza del país rico, entonces, se traduce en que puede producir todo el trigo necesario con muy poca gente y "cargar la canasta de producción con más servicios sociales", a diferencia del país pobre, que no puede hacerlo. Por ejemplo: si el país rico puede producir todo el trigo que necesita con el 3% de la población, mientras que el pobre necesita el 90%, la producción de enseñanza ocupa respectivamente al 97% y al 10% de la población, o sea que el consumo de enseñanza es 9.7 veces mayor en el país rico que en el pobre. Y ¿cuánto cuesta la enseñanza? El trigo que consumen los maestros. Alimentar a un maestro en el país pobre cuesta el mismo trigo que en el país rico, y por lo tanto 30 veces más (90% entre 3%). Lo cual demuestra que no hay ninguna paradoja. Irse a un welfare state es un lujo de ricos, fuera del alcance de un país pobre.

James Steuart, un economista del siglo XVIII, encontró una fórmula para mostrar que el crecimiento del sector no agrícola está limitado por la productividad agrícola, puesto que ambos sectores comen.

$$\text{Alimentos producidos} = \text{Alimentos consumidos}$$
$$\text{Agricultores} \times \text{Productividad laboral} = \text{Población} \times \text{Consumo personal}$$

$$\frac{\text{Agricultores}}{\text{Población}} = \frac{\text{Consumo personal}}{\text{Productividad laboral}}$$

Para que la proporción de agricultores sobre el total de la población pueda disminuir es necesario que el consumo disminuya o la productividad aumente. Resultado que podemos extender a la atención personal:

$$\text{Atención producida} = \text{Atención consumida}$$
$$\text{Atendedores} \times \text{Productividad laboral} = \text{Población} \times \text{Consumo personal}$$

$$\frac{\text{Atendedores}}{\text{Población}} = \frac{\text{Consumo personal}}{\text{Productividad laboral}}$$

Pero nótese lo siguiente: la productividad agrícola sí ha venido aumentando, y el consumo de alimentos aumenta menos que proporcionalmente con la mejoría económica; lo cual, por ambos lados, favorece que disminuya la ocupación agrícola. En cambio, la productividad de la atención personal prácticamente no aumenta, mientras que la demanda de atención personal aumenta más que proporcionalmente con la mejoría económica; lo cual, por ambos lados favorece que aumente el porcentaje de la población dedicada a atender personas.

En un país rico, un agricultor produce lo que se comen él y docenas de personas: esas docenas de personas "improductivas" resultan, por eso, relativamente baratas. En un país pobre un campesino apenas produce sus propios alimentos: no puede cargar con un gran sector improductivo. Sostener un maestro, un médico, un burócrata, y en general una persona del sector improductivo, en un país pobre, cuesta más que en uno rico.

REDISTRIBUIR EN EFECTIVO

———

En 1992, México tenía 18 millones de hogares con 84 millones de personas (4.7 por hogar), 30 millones de las cuales (1.7 por hogar) tuvieron ingresos de 750,000 millones de nuevos pesos (73.5% del PIB). El ingreso anual disponible fue de 9,000 nuevos pesos por persona, 25,000 nuevos pesos por persona con ingresos, 42,000 por hogar.

Ingreso promedio por hogar en 1992

Primer decil	N$ 6,521
Segundo	N$ 11,493
Tercero	N$ 15,555
Cuarto	N$ 19,737
Quinto	N$ 24,125
Sexto	N$ 29,908
Séptimo	N$ 37,499
Octavo	N$ 47,819
Noveno	N$ 67,337
Décimo	N$ 160,429
Promedio	N$ 42,042

Pero los promedios son promedios. Los hogares rurales (los que están en localidades de menos de 2,500 habitantes), aunque tenían el 27% de la población del país, no tuvieron más que el 11% del ingreso. Y los 18 millones de hogares, agrupados en diez deciles (décimas partes iguales de 1.8 millones cada una), según su nivel de ingresos, desde el 10% que gana menos hasta el 10% que gana más, tuvieron diferencias muy grandes de ingreso anual por hogar, como puede verse en el cuadro.

Esto quiere decir que el 70% de los hogares ganó por abajo del promedio; que el 80% inferior ganó menos (46% del total), que el 20% superior (54% del total); y que el 10% más alto ganó 25 veces más que el 10% más bajo.

La distribución empeoró de 1989 a 1992, aunque el ingreso personal disponible por hogar mejoró en términos reales un 7%. Lo que pasó fue que la mejoría se concentró en los dos últimos deciles (el 20% superior), que mejoraron por encima del promedio, a diferencia de los demás, que mejoraron por abajo del promedio. (Cifras combinadas del *Sexto informe de gobierno* de Carlos Salinas de Gortari, de la *Encuesta nacional de ingresos y gastos de los hogares 1992* del INEGI y de CIEMEX-WEFA).

Pero, según la Secretaría de Hacienda, la recaudación fiscal aumentó de manera espectacular en el sexenio, y especialmente en el periodo 1989-1992. Lo cual no sirvió para atenuar la desigualdad, sino para agravarla.

Desde 1973, he señalado la contradicción de justificar los impuestos como algo que se impone para atender las necesidades sociales, sobre todo de la población más necesitada, cuando en la práctica resulta que aumentar los impuestos aumenta la desigualdad. Para remediarlo, propuse desde entonces una doble vía: ofrecer medios prácticos para que los pobres se atien-

131

dan a sí mismos y repartir una parte de la recaudación fiscal como dinero en efectivo. El reparto se puede realizar a través de instrumentos que no existían en 1973: la ley de coordinación fiscal y la credencial de elector con foto y firma, quizá en combinación con el SAR.

1. Una parte de los impuestos federales se reparte entre los estados y el Distrito Federal, en función de lo que recaudan. Otra, según el número de habitantes, lo cual tiene un efecto redistributivo, pero muy desafocado. Por el número de habitantes, el Distrito Federal se lleva el 10%, Chiapas el 4%. Pero si el reparto se hiciera en función de la población que vive en localidades de menos de 2,500 habitantes (que es donde se concentra la población de menores ingresos), al Distrito Federal le tocaría prácticamente cero y a Chiapas el 8%. Habría que completar el efecto redistributivo canalizando cantidades mucho mayores (digamos, el triple que hasta ahora) del gasto federal al gasto municipal, y haciendo que el dinero llegara efectivamente a las comunidades rurales y se gastara como éstas lo decidieran.

2. Si todos los hogares aportaran el 5% de sus ingresos a una charola común, de la cual se repartiera a partes iguales, cada hogar recibiría 2,100 nuevos pesos, por el año de 1992. Pero las aportaciones serían muy distintas. Los hogares del primer decil (que ganan 6,521) aportarían 326, recibirían 2,100 y, por lo tanto, tendrían un ingreso adicional neto de 27%: 1,744. No hay que subestimar lo que se puede comprar con eso: una máquina de coser o tejer, una bicicleta (inversiones que, desde el punto de vista macroeconómico, pueden generar el doble de valor agregado y ocho veces más empleos que la misma cantidad de dinero en un gran proyecto del sector industrial). En el decil de mayores ingresos, cada hogar aportaría 8,021, recibiría 2,100 y

acabaría haciendo una aportación neta de 5,921 (o sea el 4% de sus ingresos), con una satisfacción moral que no pueden dar los impuestos. No es lo mismo aportar para bicicletas de los poblados rurales que para patrullas de policías asaltantes en las grandes ciudades.

La charola redistributiva de una parte de los ingresos tiene mucha tradición en diversos tipos de asociaciones (religiosas, mutualistas, profesionales, comerciales). De hecho, por ejemplo, los seguros contra incendios, desastres y diversos riesgos, no son más que una charola redistributiva entre los afortunados y los que tuvieron mala suerte. Lo esencial es el concepto, no la creación de un nuevo Instituto de la Charola. Tanto el reparto como la recaudación se pueden simplificar extraordinariamente, aprovechando instrumentos que ya existen.

a) La mecánica del reparto puede ser muy sencilla. Se abren cuentas de ahorros para todos los ciudadanos empadronados, se declara un dividendo social por ciudadano de lo que corresponda (digamos, 1,200 nuevos pesos para el año de 1992) y se considera depositado en su cuenta, que puede ser la del SAR, o una extensión del SAR para no asalariados. Esto, además, favorece el empadronamiento, así como la actualización y vigilancia del padrón. El costo de administración sería mínimo, porque se abonaría en todas las cuentas la misma cantidad en una sola fecha.

b) También la recaudación puede ser muy sencilla, a través del IVA, y sin necesidad de aumentarlo. Se ha hablado mucho de reducirlo al 7% (que complicaría las cuentas: el 10% actual es más fácil de calcular). En vez de reducirlo, se puede mantener en 10%, pero usando la mitad de lo que se recauda para redistribuir en efectivo. Hasta el simbolismo quedaría bien: la mitad del impuesto al gasto se transferiría al ahorro.

Una máquina de coser (o algo equivalente), año con año, para las familias rurales, más una fuerte inyección a las finanzas de sus municipios, haría una diferencia importante en su bienestar y sería un incentivo para retener población en localidades de menos de 2,500 habitantes, a un costo social muy bajo. Esas mismas familias, trasladadas al Distrito Federal, costarían mucho más a las finanzas federales y no recibirían de hecho más. El transporte urbano y las patrullas policiacas cuestan mucho más que las bicicletas, además de que se reciben como un mal inevitable, no como un bienestar.

ÍNDICE DE NOMBRES

Ádem, José, 86
Alejandro Magno, 66
Alemán, Miguel, 80
América Latina, 73
Aristóteles, 76

Banco de México, 100
Banco Mundial, 12, 36
Banco Nacional de México, 17
Belén, 112
Benz, Carl, 68
Birmania, 35
British Coal Board, 35
Buda, 74

Castro, Fidel, 73
Central Commercial Company (CeCoCo), 32-34
Centro de Investigaciones Econométricas de México
(CIEMEX-WEFA), 103, 131
Centro Nacional de Información y Estadísticas del Trabajo
(CENIET), 117
Cervantes, Miguel de, 74
Chiapas, 132
Cobb, C. E. y Douglas, P. H., 83, 85, 86, 87, 91, 92
Condorcet, Marqués de, 76
Cristo, 74
Cruz, Sor Juana Inés de la, 67

Distrito Federal, 31, 125-141
Díaz, Porfirio, 64

Einstein, Albert, 76
España, 62, 63, 66
Estados Unidos, 18, 24, 27, 30, 31, 55, 70, 111, 126
Europa, 18, 31

Fernández de Lizardi, José Joaquín, 61
Flores de la Peña, Horacio, 125
Fondo Nacional para el Consumo de los Trabajadores
  (FONACOT), 24
Ford, Henry, 55
Frazer, James, 73

Galbraith, John Kenneth, 31
Galileo, 76
General Motors, 73
Gini, Conrado, 117, 123
Grupo Alfa, 53, 66

Hegel, Georg Wilhelm Friedrich, 75
Herodes, 110, 112
Hölder, Ludwig Otto, 84, 85, 86

Iglesia Católica, 15, 18, 66
India, 126, 127
Indian Planning Commission, 35
Instituto de Fomento Nacional para la Vivienda del Trabajador
  (INFONAVIT), 51
Instituto Mexicano de Ejecutivos de Finanzas
  (IMEF), 111
Instituto Mexicano del Seguro Social
  (IMSS), 51
Instituto Nacional de Estadística, Geografía e Informática
  (INEGI), 131
Intermediate Technology Group, 36
Intermediate Technology Publications, 36

Intermediate Technology Transport, 39
Islas Británicas, 73, 74

Japón, 29, 32
Jensen, 85

Kant, Immanuel, 74
Keynes, John Maynard, 35
Kuznetz, Simon, 117

Lenin, Vladimir Ilich, 57
López Velarde, Ramón, 61, 64

Macrae, Norman, 29, 30, 31
Madrid, Miguel de la, 100
Magokichi Yamaoka, 34
Marx, Carlos, 75
McDonald's, 102
Mesoamérica, 63
Michoacán, 63
Morones, Luis Napoleón, 80

Newton, Isaac, 76
Nueva España, 63
Nueva York, 31, 70

Oaxaca, 24, 25
Organización de las Naciones Unidas
  (ONU), 36
Organización para la Cooperación Económica y el Desarrollo
  (OCED), 36
Oxford, 35

Peters, Thomas J. y Robert H. Waterman Jr., 30
Petróleos Mexicanos
(PEMEX), 65, 66, 73, 111
Pinochet, Augusto

Río Bravo, 49

Roma, 62
Rousseau, Jean-Jacques, 74

Sachs, Ignacy, 125-129
Sahlins, Marshall, 76
Salinas de Gortari, Carlos, 131
Schumacher, Fritz, 33-37, 87, 88
Secretaría de Hacienda y Crédito Público
 (SHCP), 110-112, 131
Secretaría del Patrimonio Nacional, 125
Servan-Schreiber, Jean-Jacques, 31
Sindicato Revolucionario de Trabajadores Petroleros
 de la República Mexicana
 (SRTPRM), 66
Sistema de Ahorro para el Retiro
 (SAR), 51, 132, 133
Steffens, Lincoln, 69
Steuart, James, 128

Teotihuacán, 62, 63, 65, 66
Traven, B., 64

Unión Soviética, 69
Universidad Nacional Autónoma de México
 (UNAM), 66

Vasco de Quiroga, 58, 63, 66
Venezuela, 73

Wilkie, James W., 117, 123

Zambia, 35

Hacen falta empresarios creadores de empresarios,
escrita por Gabriel Zaid, es una invocación oportunísima
para los tiempos que corren; es una novedosa e inteligente
lectura de la realidad mexicana.
La edición de esta obra fue compuesta
en fuente newbaskerville y formada en 12:14.
Fue impresa en este mes de abril de 1997
en los talleres de Compañía Editorial Electro-comp, S.A. de C.V.,
que se localizan en la calzada de Tlalpan 1702,
colonia Country Club, en la ciudad de México, D.F.
La encuadernación de los ejemplares se hizo
en los mismos talleres.